保育者養成校
1年次必携！

保育者養成のための

初年次教育ワークブック

監修

谷田貝 公昭

大沢 裕

編著

大沢 裕

越智 幸一

中島 朋紀

workbook

保育者になろう！ 学びのスタートライン

はじめに

　どの学校に入学しても、必ず何らかの戸惑いはあるものです。人生に節目があるように、進学すれば、そこでの新しい生き方が求められ、それなりのスタイルに慣れなければなりません。特に高校から進学したときには、自分から積極的に科目を選び、卒業までの取得単位を計画的に考えながら、学習を進めていく姿勢が求められます。このように、高校での学校生活の違いに慣れ、円滑な学業生活が送れるようにと導入された教育、それが「初年次教育」です。

　既に出版されている初年次教育のテキスト、その多くは、様々な進路に向かう学生のために作られた汎用性の高いものとなっています。しかし保育者になるためには、入学した直後の早い段階から保育者になると固い決意をもって、それに向かって邁進する必要があります。私たちが切望していたのは、そのような、幼稚園や保育所や認定こども園の先生になろうとしている1年生が、まずは手にとり、参考になるテキストでした。

　ちなみに本書では、幼稚園や保育所、認定こども園等の先生のことを、「保育者」と呼んでいます。また「保育」が小学校入学前の子どもの育ちの援助を指すのに対して、特に「教育」と表記する場合には、幼稚園、小中高、大学、専門学校、また家庭や社会での教育も広く含めています。

　神奈川県の保育者養成校の老舗、鎌倉女子大学・短期大学部は、保育者養成のための初年次教育を連綿と続け、多くの優秀な保育者を輩出してきました。私たちは、現在行われている同大学の初年次教育の内容・手法を一般化し、保育者養成校1年生のテキストとして広く公開することは、非常に重要であると考えるに至りました。本書は、同大学の初年次教育の内容・手法を基盤としながら、他の保育者養成校の先生方のお知恵を拝借して仕上げた成果です。これが本書の成り立ちとなっています。

　鎌倉女子大学の先生方だけでなく、この書が世に出ることに意義を感じた多くの先生方がこの企画に賛同し、寄稿してくれました。私たちは、この書が公開されることにより、保育者養成校・初年次教育の一つの模範を示すことができると確信しています。
　とはいえ、手本となる書籍が見当たらなかったこともあり、すべて一からの組み立てとなりました。このため、さらなる改善の余地が残されているかもしれません。今後、皆様から色々なご意見を頂戴し、さらなるブラッシュアップを図っていきたいと考えています。
　この書の企画の中心となった同校の中島朋紀先生の熱意がなければ、この書は完成に至りませんでした。監修者として、そのご努力に敬意を表します。
　本書が保育者志望の1年生の皆さんの手引きとなり、また初年次教育をサポートしている先生方のご努力に対して寄与するものがあるとすれば、本書の目的は大いに達成されたことになります。監修に携わった者として、これに勝る幸せはありません。

平成30年2月

監修：谷田貝公昭　大沢 裕

まえがき

　本書は、保育者養成校において、学びのスタートラインに立つみなさんに活用していただきたい『初年次教育ワークブック』です。みなさんが保育者になることを大いに期待し、その自己実現に向かって課題意識をもち、保育者として身につけておくべき基礎的な資質・能力、姿・態度等をワーク形式で学ぶことを意図しています。本書の基本的内容については、各章の冒頭にも述べていますが、以下の内容となります。

　第1章「キャンパスライフ」では、養成校での学生生活について学びます。スムーズに養成校の生活環境に慣れ親しみ、授業に臨む姿勢や授業の受け方、生活面の自己管理、自己責任等、意欲的な姿勢で学修に臨めるよう保育者を目指す学生生活を送るための基礎力を身につけます。
　第2章「スタディスキルズ」では、保育・教育にとって大切な言語表現スキル、保育・教育に関する各分野への導入・概要について学びます。専門的な学びのスタートラインに立ち、「書くこと」「表現すること」の重要性を理解した上で、規則正しく計画的に自ら学ぶ姿勢・習慣を身につけます。
　第3章「キャリアデザイン」では、各実習に向かうべき心構え・準備、保育者としての姿、社会人として必要な物事の考え方を学びます。よりよい保育者像を掲げ、社会人としてのマナーを身につけ、将来の人生設計を考える各実習の学びに備えます。

　保育者養成校において、限られた学びの修業期間を実りあるものにするためには、スタートである1年目から、その心構えや目標を定めておくことが大切になります。保育者となるよりよい自分育てを目指し、有意義な学生生活を送り、自ら学ぶことを惜しまず、同じ夢をもつ仲間とともに各養成校でいいスタートをきりましょう。
　日々、保育者養成に対する熱い思いをもち、親身になってみなさんの指導に当たってくださる各養成校の先生方、そして「育ての心」をもって子どもたちとともに生き、懸命に子どもたちとともに成長し努力されている保育・教育現場の先生方・先輩方にご協力をいただき、本書は作成されました。「保育者になる」ことを目指し、子どもに生きる「保育者である」ことに期待と希望をふくらませるみなさん一人ひとりにとって、本書が「保育者になりたい」という夢への実現、学びへの動機づけとエールになることを切に願っています。初年次教育を通じて、養成校での生活・学びをスタートアップし、みなさん一人ひとりのよさや自分らしさにますます磨きがかかることを期待しています。

　保育者養成では、質の高い保育者の育成が求められています。子どもの人間形成に重要な役割を果たす保育者が、各養成校から多く誕生することを願っています。
　最後に、本書に携わってくださった各養成校の先生方、本書の企画・作成にあたり、その趣旨を快諾いただいた一藝社の菊池公男社長、特に編集を担当してくださった一藝社の川田直美様には大変お世話になりました。心より深く感謝申し上げます。

編著者代表：中島朋紀

保育者養成のための　初年次教育ワークブック　目次

はじめに…………3
まえがき…………4
目次………………5

第1章　キャンパスライフ……9

1　自分が通う養成校について知ろう……10

2　目標と計画を立てよう……14

3　自己管理をしよう　人・物・時・食……18

4　事例で学ぶ、教育・保育する心もち……24

5　学び方（授業の受け方）……27

6　情報モラルを考える……30

　　遊び・学びのワーク①……33

第2章　スタディスキルズ……37

【1】言語表現の学び……38

1　教育・保育者の言葉づかい……38

2　レポートの書き方……40

3　話し言葉と書き言葉……43

4　わかりやすい文章を書く……44

　　基本漢字100 書き……45

　　基本漢字100 読み……49

【2】各分野の学び……54

保育分野

保育原理……55

保育者論……58

子どもの福祉……61

子どもの保健……64

子どもの文化……67

乳児保育……70

障害児保育……73

保育内容……76

教育・心理分野

教職概論……79

教育原理……82

発達心理学……85

カリキュラム論……88

教育方法……91

特別支援教育……94

幼保小連携教育……97

国語（言語）教育……100

子どもの生活……103

第3章　キャリアデザイン……107

 1 保育者らしさ・教師らしさとは……108

 2 教育実習・保育実習に向けて……111

 3 現場・先輩保育者の声……120

 4 実習礼状の書き方……122

 5 就職活動のための自己分析……127

 6 社会参加してみよう……131

 7 初年次のふり返り……132

   遊び・学びのワーク②……135

監修者紹介……140
編著者紹介……141
執筆者紹介……142

装丁・図表　はらとしこ（パレットハウス）
イラスト　ミネタトモコ

第1章
キャンパスライフ
将来を見据えた学生生活
―保育者になるための準備―

将来、みなさんはどのような保育者になりたいと考えていますか？
もうすでに理想の保育者像をもっている人もいれば、
考えている最中の人もいることでしょう。
その夢・目標に向かって、まずはそれぞれの保育者養成校での
学生生活を充実した有意義なものにしましょう。
この章では、保育者を目指す学生としての姿勢・態度と
生活感覚について考えてみましょう。

1　自分が通う養成校について知ろう

　保育者（幼稚園教諭、保育士、保育教諭を含む）を志すみなさんは、子どもたちと出会えることに喜びを感じ、将来への期待をふくらませ大きな希望を抱いていることでしょう。心からエールを送ります。保育者となることに夢を抱き、同じ学び舎につどった仲間と大いに夢を語り、お互いを支え励まし合える仲間とともに、いい保育者になることを目指しましょう。

　これから始まる学生生活を仲間とともに楽しく有意義なものにし、将来の保育・教育実践に向けて、保育者としての心耕し・こころの準備を一歩一歩進めていきましょう。

●記入しましょう。

◆　あなたが学ぶ学校とは？　◆

◇あなたの養成校の学長先生・校長先生のお名前は？				
先生　　ご担当科目：				
◇あなたの所属する学部長先生のお名前は？				
先生　　ご担当科目：				
◇あなたの所属する学科長先生のお名前は？				
先生　　ご担当科目：				
◇あなたの所属する学科の教務担当（教員）は？				
先生　　ご担当科目：				
◇あなたの養成校の学校目標（建学の精神、教育の理念等）は何ですか。				
◇あなたが所属する学科の教育目標（アドミッションポリシー）				
☆養成校のWebサイトのURL				
◇あなたのクラスアドバイザー　　　クラス：				
		1年次		2年次
先生の名前				
研究室の場所		電話：		電話：
オフィスアワーの時間	前期	【　】曜日の【　　】時限目 【　】曜日の【　　】時限目	前期	【　】曜日の【　　】時限目 【　】曜日の【　　】時限目
	後期	【　】曜日の【　　】時限目 【　】曜日の【　　】時限目	後期	【　】曜日の【　　】時限目 【　】曜日の【　　】時限目
先生のメールアドレス				
連絡のとり方や相談について				
各委員（学生）	学級委員： 委員： 委員：			

自己紹介を書いてみよう

　仲間・友達とのコミュニケーションを大切にし、お互いに自己紹介をしてみましょう。
　これまでのあなた自身のこと、今の自分について見つめなおし、クラスメイトや他の仲間、先生に自己紹介してみましょう。

●記入しましょう。

◆　自己紹介　◆

《プロフィールづくり》あなたはどのような人ですか？

◇あなたの趣味や特技は？
◇中学生または高校生のときに打ち込んできたものは？ 　たとえば、部活動や生徒会活動、校外活動（ボランティア）など。
◇あなたがとくに好きなものは？ 　たとえば、食べ物、ファッション、本や雑誌、芸能やスポーツ、いま最もハマっているもの。
なぜそれが好きなのだろう？
◇学生時代にいちばん挑戦したいことは何だろう？
どうしてそれに挑戦してみたいのだろう？
◇上記以外のことで、アピールしたいこと（将来の夢など）は？

養成校内の事務・部署について知ろう

養成校の中には、みなさんの学びや学生生活をサポートする事務・部署があります。それぞれの事務・部署の名称・場所・開閉時間、役割を書いてまとめてみましょう。

●記入しましょう。

◆ 養成校の事務・部署 ◆

《事務・部署・施設の役割》

名　称	場所 （建物や目印）	開室時間 閉室時間	役　割
			・休講、補講などの連絡 ・時間割や教室変更の連絡 ・定期試験に関すること
			・履修登録に関する業務 ・学籍に関すること
			・免許や資格に関すること ・保育実習、教育実習に関すること
			・学生連絡票（現住所や帰省先の変更） 　（・奨学金の申請） ・学割の発行（発行機扱い） ・課外活動（クラブ活動、ボランティアなど） ・落し物の扱い ・学生生活や私生活での不安や悩みごとの相談
			・けがの治療　・救急処置 ・体調不良のときの休憩場所 ・健康や身体に関する相談 ・健康診断の手続き ・健康支援

名　称	場所 (建物や目印)	開室時間 閉室時間	役　割
			【主に保育・教育職】 ・保育職（幼稚園・保育園等）および 　教育職（幼稚園・小学校教員）の情報提供 ・保育・教育職に関する就職活動の支援 ・インターンシップ（保育・教育職）の 　情報提供 ・各対策講座（公立保育所・教員採用試験）
			【主に公務員・一般企業】 ・就職の情報提供 ・就職活動の支援（就活ガイダンス） ・インターンシップ（就労体験・職場体験）の 　情報提供 ・公務員対策講座、合同企業セミナー等の 　情報提供
			・図書や雑誌などの資料の閲覧、貸借 ・図書検索 ・資料や文献の複写（コピー）
			・進学の情報提供 ・進学手続き（志願書配付） ・編入試験（過去試験問題）等の情報提供
名　称	場所 (建物や目印)	開室時間 閉室時間	

2 目標と計画を立てよう

●記入しましょう。

◆ 将来の進路 ◆

養成校2年間の目標と将来つきたい職業・仕事

◇学年ごとの目標を立ててみよう（学業、課外活動、免許・資格、趣味など）。	
1年次	
2年次	
◇現時点で、あなたが将来つきたい職業は何ですか。	
どうしてその仕事につきたいのだろう。	
◇指定の科目の単位を履修することで得たい免許・資格を記入する	
免許・資格の内容	

キャリアデザインシート 〜「なりたい自分」の姿〜

	どんな学生（自分）になりたいですか？	そのために何をしますか？
1年		
2年		

キャリアデザインシート 〜「なりたい自分」の姿〜

学生生活のデザイン
～学び・成長～

Stage1 学生になって学生として
1. 入学前課題レポート
2. 履修オリエンテーション、クラスの時間
3. 各実習オリエンテーション

Stage2 自己成長
1. 履修・授業計画
2. Web履修登録、履修確認表
3. 履修科目（教職カルテ）
4. 各実習や授業での学び
5. 生活のふり返り

Stage3 社会へのチャレンジ
1. ボランティア活動
2. 各実習のふり返り
3. 実習報告会、教養講座
4. 就職活動
5. 身についたこと

社会人としての学び・成長

オフィスアワー（office hours） ＊先生と個別に相談できる時間帯のこと
　みなさんの質問や相談を受けられるように、先生が研究室等に待機している時間のことです。先生にアポイントメントをとり、積極的に質問・相談（学業面・学生生活・その他）をしてみましょう。

質問・相談のメモ

3　自己管理をしよう　人・物・時・食

　「教育は人なり」とよく言われますが、教育・保育を専門とする以前に保育者も一人の人間でなければなりません。このことは、人に感謝するとともに生涯にわたり自己の人間性を磨く課題でもあります。人間は生涯にわたって学ぶ存在であり、学ぶことによって生きがいや生きる喜びを感じとれるものです。知ることを追求する人間、知識を行動に生かす人間、相手の立場になって物事を考える人間、他の人々と協力して生きていこうとする人間、それらを通してよりよく生きていこうとする人間こそが、人間力をそなえた保育者を目指すことにもつながります。人間として日常をどのように生きるか、このような問題意識・考え方を土台に置きながら、保育者である以前に、日常生活の中で自己を律し、鍛えていくことが重要です。

●今までのいろいろな場での「出会い」を思い起こし、あなたの価値観や考え方、行動の仕方などに影響を与えたと判断される人・物事（出来事）を取り上げ、具体的にどのような影響を受けたのかを記述してみましょう。

◆　人・物事（出来事）とのいい出会い　◆
〜　よりよい動機づけ・影響を与えてくれた人・物事・言葉　〜

①出会った人・物事（出来事・授業・部活・ボランティア・読書など）・言葉

②出会った人・物事（出来事・授業・部活・ボランティア・読書など）・言葉

③出会った人・物事（出来事・授業・部活・ボランティア・読書など）・言葉

④出会った人・物事（出来事・授業・部活・ボランティア・読書など）・言葉

時間の有効利用　自己管理①

　「時間の使い方」のことをタイムマネジメント（時間管理）といいます。タイムマネジメントは、学業・学生生活ばかりではなく、将来や人生全体に大きな影響を与えます。一般に約束した時間を守ることは、社会人にとっては決定的な資質であるといっても言い過ぎではありません。"約束の時間を必ず守る"という人は、それだけで相手から強い信頼感を獲得できます。時間の観念（時間を守る）をしっかりともち、学生生活の中で時間を有効利用できるように心がけましょう。先の見通しと余裕をもって行動し、夢の実現に向けて、主体的に自分の人生を自己管理できる力を身につけましょう。

食生活　自己管理②

　学生生活を送る上で、食事内容を自分で決定する機会が増えます。同時にこの学生時代は、みなさんの一生の中で、知性と身体の形成の最終的な成長・発達段階にあたり、そこでつくられた自分はある程度その人間の完成形となります。

　この時期にみなさんの身体（精神をつかさどる脳も身体の一部）をつくる食事がいかに大事（①朝食を欠かさない　②ファーストフードに偏らない食事　③サプリメントは食事ではない　④手作りの食事と家族団らんでの食事の大切さ等）であるか、よくわかるはずです。

　特に、朝食が一日の身体・精神活動、集中力を大きく左右します。朝食をしっかりと取り、脳を活性化させて一日をスタートしましょう。食事の内容についても知性と意志を働かせましょう。主食（ご飯・パン・麺など）・副菜（野菜料理）・主菜（肉・魚・大豆料理など）＝３：２：１のバランスで食することを心がけましょう。

　摂食障害（過食・拒食）が多く見られる年代でもあります。食事が自分の意志どおりにいかなくなったら、必ず専門家のカウンセリングを受け、病院または学内の医療・保健セクションに相談しましょう。

　食べるということは本来とても楽しいことですし、「衣・食・住」という人間生活の中でも大事な営みの一つです。大いに食を楽しみ、自分という「人を良くする」食事、よい自己形成を目指し、意識的に自己管理しなければなりません。

第1章 キャンパスライフ　将来を見据えた学生生活　　21

●学生生活での時間の使い方を行動別（① 授業 ②勉強 ③部活やサークル ④家事や食事 ⑤アルバイト ⑥余暇 ⑦睡眠 ⑧その他）に記入してみましょう。1週間をふり返り、問題点を見つけましょう。

学生生活の1週間の時間の使い方

月	日（　）	日（　）	日（　）	日（　）	日（　）	日（　）	日（　）
4:00							
5:00							
6:00							
7:00							
8:00							
9:00							
10:00							
11:00							
12:00							
13:00							
14:00							
15:00							
16:00							
17:00							
18:00							
19:00							
20:00							
21:00							
22:00							
23:00							
0:00							
1:00							
2:00							
3:00							
①生活面　　1　2　3　4　5				②学修面　　1　2　3　4　5			合計点：

●右ページの表を利用して、これから1週間自分が食べた物を記録し、わかる限り材料を3つに区分してみましょう。

　　　　　　例えば……カレーライスの場合
　　　　　主食系……ご飯
　　　　　主菜系……豚肉
　　　　　副菜系……にんじん　玉ねぎ　じゃがいも

厚生労働省・農林水産省が決定した「食事バランスガイド」は、毎日の食事を5つに区分し、区分ごとに「ＳＶ（サービング）」という単位で1日に何をどれだけ食べたら良いか、コマの形のイラストで示したものです。こちらも食生活の参考にしましょう。

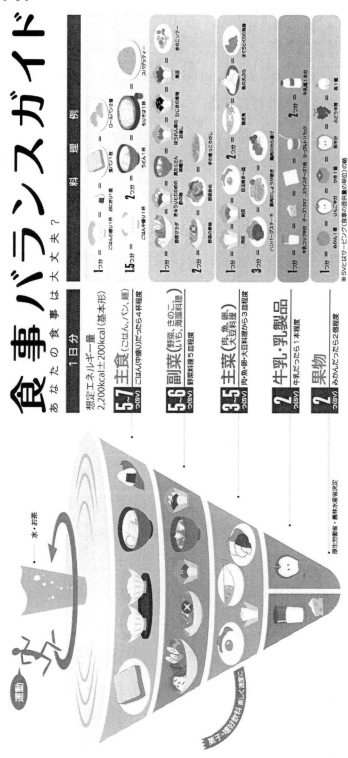

	朝	昼	夜
月			
火			
水			
木			
金			
土			
日			
食べたものを分けてみましょう			
主食（ごはん、パン類）	副菜（野菜、きのこ、いも、海藻料理）	主菜（肉、魚、卵、大豆料理）	
朝	昼	夜	

4 事例で学ぶ、教育・保育する心もち

姿勢・態度

今、この本を手に取っているみなさんの多くは「学生」という立場の方々と思われます。特に大学生や専門学校生のみなさんは、高校生までの生活とは様々な面で大きく異なる生活を送っているのではないでしょうか。

今後「社会人」になるとき、生活の変化はもっと大きなものになります。一日の生活のリズムが変わる、日々過ごす場所が変わる、働きに対して給与が支払われる等のみなさん自身に起こる変化だけではありません。それと同時に、社会の中でのみなさんの役割や立場が大きく変わるのです。

「先生」と呼ばれる職業はとりわけこうした期待を背負う立場であると言えます。これまで生きてきた中で「先生」と関わらずに成長してきた人はまずいません。幼稚園や保育所の「先生」、小学校の「先生」、習い事の「先生」など、「先生」とはある一定の共通イメージを持ちやすい職業です。「先生であれば、当然○○と言うであろう」「先生なのだから○○はしないであろう」というイメージをもちませんか。

これに準じた人であれば「あの人は先生らしい、良い先生だ」、逆に当てはまらない人だと「先生なのに」という評価をされることも多く、それだけ期待されるものが大きい職業とも言えます。

事例1　子どもが教えてくれた「ないしょ話」

ある日5歳児クラスのA児が「先生、おもしろいこと教えてあげる。ないしょなんだけどね……」とニコニコしながら担任のところにやってきました。A児は小声で「あのね、この前の日曜日にね、B先生を見たの。お友達と焼き肉屋さんでおおさわぎしていたよ」と教えてくれました。B先生というのは、他のクラスの担任の先生です。日曜日、園は休みでした。どうやらB先生が親しい友人たちと一緒に入ったお店に、たまたまA家族も居合わせたようです。A児の保護者は気を遣ったのでしょう、そのことはみんなには「ないしょだよ」とA児と約束をしたのですが、「ないしょ」の部分も含め、担任には楽しそうに教えてくれました。

上記のエピソードを読んで、みなさんはどのように感じたでしょうか。プライベートを話題にする保護者やA児に嫌な気持ちがしましたか？　B先生の姿は先生らしからぬと感じましたか？「先生」というのは仕事の姿であり、休日ですからどのように過ごしても構いません。しかし勤務時間外だとしても、A児や保護者にとっては「B先生」なのです。普段穏やかで礼儀正しいB先生が、飲食店という公共の場で大きな声で話したりはしゃいだりしている姿がA児には異様に映ったのでしょう。「普通ではない、おもしろい話」と感じてA児は担任に教えてくれたようです。

さて、このエピソードは決して他人事ではありません。数年のうちにはみなさんも「先生」になろうとしているのです。今、皆さんはどのような準備をすすめているでしょうか。教育・保育に関することだけではなく、一般知識や普段のふるまい、ものの考え方など、日々自分を磨こうとする意識をもっていますか？　また、自分では「できている」と感じていることも、客観的に見てみるとどのように映るかを考える視点をもっていますか？

保育者は、子どもにとって身近な大人であり、人としてのモデルです。特に幼児期や児童期においては、「先生の言うこと(すること)だから、きっと正しい」と考える子どもたちも多くいます。それは保育中や授業中に限らず、休み時間や放課後、プライベートに至るまでの様々な場面における保育者の言葉・態度も含まれます。自分のふるまいやささいな言葉が、今後の子どもたちの育ちに大きく影響するのだということを常に心得ておきましょう。

「先生らしい」振る舞いを身につけようとした時に、単にそれっぽい言葉や態度を並べていけば良いというわけではありません。普段、相手に届くようなあいさつをしていない人が、子どもたちの指導にあたる際「あいさつをしましょう」と表面だけで言うのでは、まるで説得力もありません。表面だけを取り繕っても、子どもたち

にはすぐ見破られてしまいます。あいさつをしっかりする子どもたちに育ってほしいと願うのなら、まずは自分が日常の中で自然にあいさつをしている姿を子どもたちに見てもらうようにしましょう。身近な大人があいさつをしていれば、それを見ている子どもたちには「あいさつをしなさい」と強要しなくとも、自然と浸透していきます。自分の姿を顧(かえり)みることは、自分がどのような教育をしていきたいのかに直接的に反映されることを意識して、ふるまうよう心掛けましょう。

事例2　先生の"まねっこ"

3歳児クラスを担任しているC先生はいつも朗らかで、子どもたちもC先生が大好きです。C先生のすることは何でも"まねっこ"したいのです。ぬいぐるみを相手に、C先生のように絵本の読み聞かせをしたり、C先生がジャングルジムに登ったら一緒に上まで登ってみたり、いつも"まねっこ"をします。帰りのあいさつをする際、C先生はつい「どっこいしょ」と言いながら立ち上がりました。すると子どもたちも一斉に「どっこいしょ」と言いながら立ち上がり、C先生は思わず笑ってしまいました。

上記はとても微笑(ほほえ)ましいエピソードですね。しかし、まねるのはかわいらしい言葉だけではありません。身近な大人やメディアなどから聞き覚えた言葉を、意味の重さを十分に知らないままに「キモイ」「シネ」などと言う子どもたちに出会うこともあります。きれいな言葉の中だけで生活していくことを推奨するわけではありませんが、せめて「先生」として子どもたちと関わるみなさんには、言葉の意味は慎重に考えて使ってほしいものです。これは子どもたちと過ごす時間だけに限ったことではありません。

事例3　この学生はどのような人なのか

Dさんという学生が、幼稚園で教育実習を行いました。明るく笑顔で、実習に積極的に取り組もうとする姿勢がみられ、実習園の先生方も良い印象をもっていました。ある日、Dさんの大学の先生が、実習巡回で園を訪れました。Dさんは、大学の先生の姿を見て嬉しかったのでしょう、遠くから「おーい！」と呼びかけながら手を振りました。この一言と態度で、実習園の先生は違和感を覚えました。これまで頑張ってきたDさんの姿を評価はしていたものの、先生に対するふるまいを見て「人とかかわる時の礼儀を知らない子なのか？」という心配を抱くようになりました。

身だしなみや言葉づかい

友達同士では問題のないような言葉づかいや話し方でも、例えばご指導をいただく実習先の保育者、初めて会う保護者や地域の方々等から聞くと、礼儀のなっていない、耳障りな言葉に聞こえることもあります。親しみを込める意味で友達のような話し方をしたり、いわゆる「タメ口」を使う関係が仲の良さだと考えている方もいますが、立場や場所をわきまえない言葉づかいは無礼と捉えられることもあります。

実際、様々な園の先生方や小学校の先生方から話をうかがうと、こうした指摘は頻繁に聞かれるのです。「いざとなったらちゃんと丁寧に話せる」と自負していた学生が、「申し上げる」と「おっしゃる」が使い分けられずに実習先へかけた電話口でしどろもどろになっていたり、嬉しいもつらいも「ヤバイ」と言って気持ちを表現していた学生が、実習中に子どもたちに対して表現豊かに話しかけられなかったりする例もいくつもありました。言葉はあなたの人間性を表現するものの一つです。相手にとって心地よい話し方ができるということはコミュニケーションの基本です。実習や社会に出てから心がけるのではなく、ぜひ、今日から実践してください。

言葉と同じように、身だしなみも自分を表現する一つの手段です。服装もアクセサリーも、好みは人それぞれですし、好きな物を身につけたり好きな格好をしたりする権利は誰にでもあります。

しかし、過度に肌を出すような服や音・匂いのあるもの、自分は気にならないと思っているような場合でも、見ている人やそばにいる人が不快な気持ちになるような身だしなみを「個人の自由」で片付けてしまうのは配慮が足りないと言わざるを得ません。ＴＰＯを意識することに加え、周囲への気配りができてこそ本物の配慮であると考えます（敬語については２章P.38参照）。

人間としての関わり

　ここまで、「先生」と呼ばれる人たちに求める、ふるまいや身だしなみについて述べてきましたが、いずれも、教育・保育職に限らず社会人としても必要な能力や考え方です。

　もうひとつ、特に教育や保育を行う人たちには、心に留めておいてほしいことがあります。それは「相手も人間である」ということです。「相手」というのは、子どもたち、共に働く職場の仲間、保護者等、あなたにかかわる全ての人々です。

　例えば、子どもというのはいつも元気で明るいものだ、と思い込んでいるかもしれません。しかし、それを自分に置き換えてみてください。あなたは24時間365日、元気で明るいでしょうか。天気が悪くて気分が憂鬱な日や、少し疲れている日、友達や家族とうまくいかずに落ち込んでいる日もあると思います。子どもだって同じです。人間ですからそれが普通なのだということに、子ども側からの視点で考えると気がつくことができると思います。このような視点の持ち方を忘れてしまうと、「いつもよく話を聞く子が今日は聞いていない、話を聞かせなくてはいけない」と大人本位の考え方や行動になり、子どもに対して物を扱うかのようにコントロールしようとすることになりかねません。大人同士のかかわりにおいても同じです。自分の気持ちや考えをしっかり持ち、相手に伝えていくことは大切ですが、相手も感情のある人間であることを忘れないでください。みなさんに我慢を強いているのではありません。一言「ありがとう」「すみません」と言葉を添えるなど、言い方や態度に工夫や配慮をすることで、円滑な関わりを築いていくことができるのです。

　自分の価値観や意見をそのままぶつけるだけではなく、「こう言ったら相手はどう感じるか？」「相手が言いたいことは何か？」を良く考え、心地よいかかわりを築いていけるよう、今から努力できることを見つけ少しずつ取り組んでいきましょう。

5　学び方（授業の受け方）

　学生生活を有意義に送り、将来の夢の実現に向かって着実な進歩を遂げるためには、明確な目標・視点をもって学ぶことがこれからの人生にとっても大切な時期になることを深く認識しましょう。自分自身のことについて真剣に考え決断し、時間をかけて、多様な学問分野や専門分野にわたる知識・技術を獲得し、さまざまな社会活動や文化活動にも参加しましょう。教師や仲間との人格的な触れ合いの中で、一つひとつの目標を達成できるように努力し、将来の夢に一歩でも近づけるようによりよい生き方を学んでください。

　また、教育・保育に関する専門分野の学修は、人生をデザインする基礎を築く学びとなり、将来の考え方、物事の見方の枠組みを作ってくれます。自身が自分の専攻したこと、興味ある分野などについて、そのための基礎ともいえるものは確実に修得し説明ができるようにしましょう。将来の教育・保育実践に向けて、自分の「人生の宝」（資質・能力の育成）をたくさん見つけておきましょう。

●記入しましょう。

◆　学生生活にとっての「人生の宝」探し　◆

資質・能力の育成

資質・能力	現在所有しているもの	今後、獲得したいもの、身につけたいもの
学問的な専門性 （資質・能力）		
学生生活で身につけた基礎的な能力 （解決行動力・対人関係能力・自己観察力など）		
養成校以外で身につけた専門性 （経験・能力・資格・実績など）		
その他		

授業は講義、演習、実技（実習）の3つの形態に分けることができます。講義では学問的かつ専門的な知識や技術の伝達・教授が行われます。いうまでもないことですが、授業では、学生の積極的な参加が求められます。学生であるみなさん一人ひとりがその授業を形成し、授業あるいは学修の質に影響を及ぼしていることを自覚しましょう。

①科目の種類

必　修	とらないと卒業あるいは免許・資格等が取得できない科目
選択必修	いくつかの科目の中から一定の単位をとる科目
選　択	自由に選べる科目

②授業の種類

授業の内容	一般教育	教養（人文・社会・自然科学等）、情報、語学など。学部・学科にかかわらず、共通に設定される。
	専門教育	学部・学科ごとに異なる。 ＊教職課程がある養成校は、免許・資格取得にかかわる科目が設定されている。
	専門課程 （免許・資格取得等）	学部・学科をこえて設置される。 教職課程のような免許・資格も取得できる。
授業の方法	講　義	大人数で大きな教室（ふつう教室）や講義室を使う。
	演　習	少人数。グループ学習や個別学習（模擬授業・実演・ロールプレイ）など。
	実習・実技（実験）	体育実技や保育・教育実習など。 学内外どちらもありうる。

養成校での学び

　養成校での学びは、高校までの学びとは異なります。一般教養はもとより、専門教養、教職教養等に適した学びを修得することになります。高校までは、あんがい問題が提示され、その問題を解き、唯一の正解に至る解決策を身につける学びが中心であったのではないでしょうか。すべての学びの場において、現在、アクティブラーニングが展開されることが求められていますが、養成校でそれをぜひ身につけましょう。学ぶみなさんが主体的・能動的になり、共通理解して課題を発見すること、自ら問いを立てること、そこからある解決方法を導きだそうとし、調べ、考え、話し合い、議論するといった過程を重ねることが、養成校での学びの中心になります。もちろん、問題発見、課題解決には、基礎基本の修得が必要です。養成校における教育は、卒業後も主体的に学び続け、保育者としての資質や能力を高めていけるような学びに向かう姿勢を身につけることが大切なのです。

　教育・保育を専門的に学んでいくと、複数の授業で教育内容が重複することがあります。異なる科目・授業であっても、同様の内容を学ぶことがあります。そんなとき「前に習ったよ」と聞き流してはいけません。複数の授業を聞くことによって、さまざまな考え方や異なる理論、データ・資料の違った解釈を受け入れ学ぶことが大切なのです。このように多面的・多角的な知見から教育・保育をよく考え、自らの教育観や子ども観が少しずつ構築されていきます。あなたが現場に出て初めて目の当たりにする、さまざまな事象を瞬時に判断する力となり、実践をより確かなものにしてくれます。

　教育・保育は、現場に出てから実践の中に、学ぶべき事柄が多くある分野でもあります。専門的な学びと実践をつなぎ合わせ、専門職としての教育保育の実践者を目指しましょう。養成校における主体的な学びに向かう姿勢の育成と教育観・子ども観の構築は、保育者になるには必要不可欠なことです。

授業を受けるマナー

何はさておき授業は「聞くこと」「考えること」が大切です。私語をしたり、居眠りをしたり、スマホ・携帯電話でメールやネットを見ていたりでは、授業内容がわからなくなってしまいます。そのことは当然のこと、他の仲間にも迷惑になり、授業の雰囲気を壊してしまうことにつながります。

授業中の教室の出入りは、できるだけ行わないようにしましょう。やむをえない事情で遅刻した場合や早退しなければならない場合は、静かに目立たないように入退室しましょう。事前に遅刻・早退しなければならないことがわかっている場合には、予め授業担当の先生に連絡しておきましょう（事後報告も大事です）。

授業では、テキスト使用のほか、プリント・資料が配られることも多いので、何の授業で配られたプリント・資料か自分でわかりやすく整理し、紛失しないようにファイル等に保管しましょう。

また、授業で理解できたことは忘れないようにノートをとることが必要です。自分の思考の整理・理解に努め、授業後、学んだことをふり返りながら、先生が話した内容理解とともに自分での解釈・課題・疑問が見直せるようなノートのとり方をしましょう。

先生の説明でわからないことや、確認・疑問がある場合は、授業中に解決しましょう。先生に質問するというのが最も早い解決法です。

授業を受けるマナー（受講態度）について考えよう　＊記入後、仲間とも話し合ってみよう。

いけない行為	なぜいけないのか	どうしたらやめられるか
私語 おしゃべり		
携帯電話を使う		
居眠り 他の作業		
その他		

6　情報モラルを考える

SNSサイトについて
　インターネットを利用することで、たくさんの情報を得たり、いろいろな人から援助してもらったり、多くの人々と情報を共有・交換したりすることができます。手軽で便利なので、つい安易な使い方をしがちです。使い慣れている人も、学生という立場でインターネットを利用する際の注意点を改めて確認してみましょう。

注意点
　・インターネット・SNSにはまり、中毒依存症になってしまう。
　・気づかないうちに個人情報を盗まれる。
　・コンピュータ・ウィルスに感染してデータを破壊されてしまう。
　・知らないうちに、悪用されてしまう。
　・マナーを守らず、他人を不快にさせる。
　・他者を誹謗中傷してしまう。
　・気づかないまま、誤った情報・個人情報等を発信して人や組織・社会に損害を与える。
　・コンピュータ・ウィルスを他人のパソコンにうつしてしまう。

　インターネットは、一見するとバーチャル（仮想的）な世界のように見えるかもしれません。しかし、そこには人が利用し、人と人とのつながりが生まれる場でもあります。インターネットを利用する際は、つねにこのことを念頭においておきましょう。つまり、インターネットを通じたやりとりの向こう側には、みなさんと同じ人間、他者がいるということです。インターネット（ブログ、Twitter、Facebook、InstagramをはじめとするSNSサイトなど）を利用する際は、つねにその相手・他者を意識した利用と責任が大切です。

著作権と剽窃への注意
　インターネットを使うと、文章、音声・写真、動画などさまざまな情報を簡単にコピーすることができます。しかし、これらの創作物には著作権があります。そのため、無断でコピーしたり、自分のブログに使ったりすると、著作権法の違反になります。
　また、この著作権法の違反に関連して、剽窃という法律違反があります。つまり、剽窃とは誰かが作った文章や作品を丸ごとコピーし盗んで、あたかも自分の論文やレポートとして提出する違法のことです。
　図書やインターネットの情報などの他人の意見は借りる（引用）ことはできます。その場合は、出典を明記しましょう。詳しくは2章「【1】2レポートの書き方」を参照してください。

メールのマナー・ルール

メールを送るとき気をつけること

●メールや会話する相手のことを考える

先生方や社会の方々にメールを送るときは、マナー（周囲の状況を見て自発的に考え、自らが率先して守ろうとするもの）・ルール（守るべきもの）に気をつけましょう。

携帯電話・スマートフォン等は、いつどこでも相手にメールや電話ができる便利な道具です。
その分、相手がどういう状態なのかを考えて使う必要があります。
早朝や深夜などの非常識な時間に電話をしないのは当然のこと、常識的な時間でも、
相手がどういう状態で電話に出たのか、メールを受信・返信するのかを考えることが"マナー"です。

●メールを送るときのマナー・ルール

・用件が一目で分かるような**件名**（**本学：所属学科・クラス、学籍番号、名前**）を記入する。
・最初に相手の名前（敬称付：様、先生など）を書き、次に自分の所属と名前（差出人）を書きます。
・内容のまとまりごとに、空行を入れて読みやすくしましょう。
・1行が長くならないように、分かりやすく、丁寧に、伝わりやすく書く。
・添付ファイルがある場合は、本文に明記しておきましょう。
（・最後に、名前と所属を書いた「署名」を入れます。PCの場合）

```
送信メール作成

宛先  坂本金八先生
件名  初1B　16420000　鎌倉みどり
　　　遅刻連絡
添付

本文
坂本金八先生
（初等教育学科1年B組の鎌倉みどりです。）

授業「幼児教育論」の遅刻連絡をさせていただきます。
電車（銀鉄）に遅延状況が発生したため、授業に遅刻します。
後ほど、授業の折、改めて遅刻報告と遅延証明書を提出させていただきます。

申し訳ありませんが、よろしくお願いいたします。
（鎌倉みどり　初等教育学科1年B組
学籍番号：〇〇〇〇……）
```

＊社会人になる上での学修・学習（先生方、目上の方、学外の方）に関連したメールの使用は、友人とメールをやりとりするのとは違います。

 周囲に留意する時・場所（授業中）では、マナーモードにするか、電源を切って他の人に迷惑をかけないことが基本"マナー"です。
（そして、バッグの中にしまい管理しましょう。）

●メールを送るときのマナー・ルール　先生方にメールを送る機会
　（＝社会人になる上でのマインド・スキルアップ）

先生方にメールを送るケースはさまざまですが、友だち感覚でメールを送ってはいけません。話し言葉のメールは訂正しましょう（非常に不快感を与えてしまうこと：ついつい日ごろの癖で友だち感覚のメールになりがち、件名無し、発信・送信者無しで一方的な用件のみの記入、返信・応答・お礼無しなどは、ダメール！です）。

マナー（社会意識）

マナー（manners）とは、「その場にふさわしいやり方、ふるまい」です。よいマナーは、人と人の関係をよくし、すべての人が気持ちよく社会生活を送れるようにするものです。

●次のマナーについて、なぜそうした方がよいのかを考えて、話し合ってみましょう。

① 先生や仲間にあいさつしましょう。
② TPO（Time：時、Place：場所、Occasion：場合）に気を配りましょう。
③ 使うべき時に敬語を使いましょう。
④ やむをえない事情で授業を欠席する場合は、事前に担当の先生に連絡しましょう。
⑤ 教室では帽子、コートを脱ぎましょう。
⑥ 授業が始まる前には着席し、授業開始後はお手洗いに行くなど、中座することのないようにしましょう。
⑦ 廊下で騒いだり、地面に座って雑談することのないようにしましょう。
⑧ 教室内のゴミは、所定の場所に捨てましょう。
⑨ 借りた図書は、貸し出し期限までに図書館に返却しましょう。
⑩ 携帯電話やスマートフォンを歩きながら使用しないようにしましょう。

●この他、あなたがよいと思うマナーをあげて書き出してみましょう。

遊び・学びのワーク①

アイスブレイクで打ち解けましょう

　アイスブレイクとは初対面の人たちが緊張感をといて打ち解ける方法です。クラスのメンバーで以下に紹介するゲームを行い、クラスの雰囲気を緊張した状態からリラックスした状態へと変えましょう。

①並ぶゲーム（8人〜20人くらいで1グループになります）

　名前の五十音順、学籍番号、誕生日（○月○日で）、通学にかかる時間などで並びます。きちんと並ぶためにはグループのメンバー同士がしっかりとコミュニケーションを取ることが肝心です。すべてのグループが並び終わったら、正しい順番に並ぶことができているか確認してみましょう。一人ずつ大きな声で名前を言ったり、学籍番号を言ったりして発表します。グループの全員が発表し終わったら、グループのメンバーはハイタッチをしましょう。他のグループの人たちは大きな拍手をしましょう。

②他者紹介ゲーム（4人〜8人くらいで1グループになります）

　まずグループになったら、ハイタッチをしましょう。そしてグループのメンバーでペアになりながら、自分のグループのメンバーに好きなもの、得意なものなどをインタビューします。そしてメンバーの全員がインタビューし終わったら時計回りに自分の隣にいる人を紹介していきます。全員が隣の人を紹介し終わったら本人が自己紹介します。紹介が終わるたびに拍手をしましょう。

③共通点探しゲーム（4人〜8人くらいで1グループになります）

　まずグループ全員が椅子から立ち上がりハイタッチをしましょう。そしてグループメンバーで話し合いながら趣味、好きな食べ物などのメンバー全員が共通する点を探しましょう。全員が共通する点が見つかったら椅子に座ります。すべてのグループが探し終わったら各グループの代表者は立ち上がり、共通点を発表していきます。発表を聞いたら、他のグループの人たちは大きな拍手をしましょう。

グループエンカウンターとは？

　「ジョハリの窓」という考え方があります。アメリカの心理学者であるジョセフ・ルフト（Joseph Luft）とハリー・インガム（Harry Ingham）が発表したもので、人間を4つの自分に分けて考えます（右の図を参照）。これらの領域のうち、「自分も他人も知っている自分」を広げていくことが、対人関係を改善するといわれています。この「自分も他人も知っている自分」を広げるために役立つのが、グループエンカウンターです。ここでは構成的グループエンカウンター（國分、1992）の中からいくつかのエクササイズに取り組みます。

		自分が	
		知っている	知らない
他人が	知っている	自分も他人も知っている自分	自分は知らないが、他人は知っている自分
他人が	知らない	自分は知っているが、他人は知らない自分	自分も他人も知らない自分

出典：諏訪茂樹『援助者のためのコミュニケーションと人間関係』建帛社、1999より一部修正

①図形完成（3人～5人で1グループになります）
　グループのメンバーは全員椅子から立ち上がります。全員が白紙の四角の用紙を手に持ちます（全員が同じサイズの用紙を持つこと）。次に思い思いに紙を破ります。この時、3人グループのメンバーは紙が5つに分かれるように破ります。4人グループのメンバーは紙が4つに分かれるように破ります。5人グループのメンバーは紙が3つに分かれるように破ります。グループの一人がリーダーとなり、他のメンバーは手に持った紙をすべてリーダーに渡します。リーダーは自分の紙も含めてすべての紙をちょうどトランプのカードをきるように十分に混ぜ合わせます。次にリーダーはすべての紙をトランプのカードを配るようにメンバー全員に（自分も含めて）配ります。これでメンバーは手もとにそれぞれ5つの紙（3人グループの場合）、4つの紙（4人グループの場合）、3つの紙（5人グループの場合）があることになります。すべてのグループの準備が整ったら、先生の合図でグループのメンバーはお互いに紙を交換し始めます。そしてグループのメンバー全員が元の四角の図形になったら椅子に座ります。先生は完成した順番にグループを紹介していきます。そのたびに全員で拍手をしましょう。

　　●このエクササイズは、いかに他のメンバーと協力できるかが鍵になります。このエクササイズを通して仲間との協力関係を学びます。

②ブレーンストーミング（4人～6人で1グループになります）
　メンバーでどんどんアイデアを出します。たとえば「古新聞紙の活用法」や「片思いの人と両想いになる方法」などのテーマについて5分間という制限時間でアイデアを出していきます。グループの一人が書記となってアイデアを紙に書いてください。5分経った後で先生は各グループの代表にいくつアイデアが出たかを聞きます。個数を発表した後で、出たアイデアの中でも特にユニークなアイデアも発表してください。各グループが発表した後、全員で拍手をします。

　　●このエクササイズはグループ内の雰囲気が受容的であることが大切です。どんなに馬鹿げている突拍子もないアイデアであっても、グループのメンバーで「いいね」とか「それ面白いね」などといいながら肯定的に受け入れましょう。カウンセリングでいう受容的態度を身につけます。

③好きなもの紹介（4人～6人で1グループになります）
　メンバー全員にA3くらいの大きめの用紙を配ります。そこに各自が好きなものをわかりやすく書いていきます（次頁の例を参照）。30分くらいでそれぞれの図が完成したら、図を使いながら、自分の好きなものを順番に紹介していきます。一人ひとりの紹介が終わるたびに拍手をします。全員の紹介が終わったら、20～30分くらいかけてグループで話し合い、お互いに好みの共通点などを共有しあいます。

　　●このエクササイズは、「自己開示」の大切さを実感することが目的です。自分の好みなど、自分に関することを周囲の人々に伝えることを「自己開示」といいます。この「自己開示」によって周りの人はあなたがどんな人であるか理解することができます。また他の人のことを知ることによって相手に関心や親近感を抱くことができるのです。

例

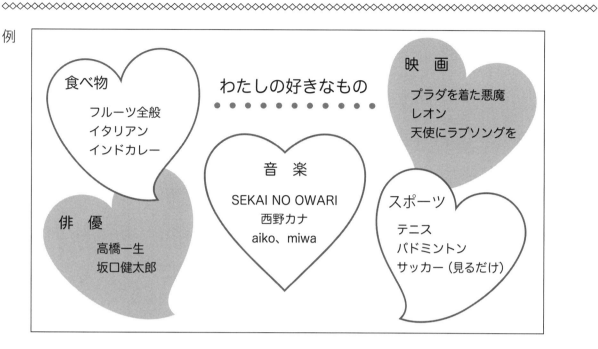

④自己主張（2人〜4人で1グループになります）

　メンバーの中でそれぞれペアを作ります。3人グループの場合は一人が判定者となります。ペアになった2人のうち、一人はお願いをする人、もう一人はお願いを断る人です。たとえば依頼する人は「明日私の分もお弁当を作ってきて」とお願いします。断る側の人はなんとか理由をつけながら断ります。先生は3分間時間を計ります。その間にお互いにお願いしたり断ったり頑張ってください。3分たったら今度はお願いする立場と断る立場を交代します。3人グループで一人がジャッジになった場合はどちらが優勢であったかを二人に伝えます。グループの中でペアを変えながらいろいろな人とエクササイズをしてみましょう。お弁当のほかに「この間貸した漫画明日返して」というお願いもしてみましょう。断る側は「まだ読んでいないからもう少し待って」というように何とか断ってみましょう。「一緒にホラー映画を見に行って」「ホラー映画苦手だから無理です」などというやり取りも良いかもしれません。

　こうしたエクササイズはアサーション・トレーニングと呼ばれています。自己主張の訓練です。大事なポイントは自己主張する際に攻撃的に相手を攻めてしまったり、反対にあまりにも自分を抑えてしまったりするのではなく、相手の立場や心情もきちんと理解しつつ、しっかりと自分の意見も伝えるという態度です。冷静に、穏やかに、表情はにっこりしながらアサーティブな態度でエクササイズにチャレンジしてみてください。

⑤無人島に何を持っていくか？（4〜6人で1グループになります）

　これはグループで話し合うエクササイズです。テーマは「無人島に何を持っていくか」です。みんなでもし無人島に行くことになったら何を持っていくかを話し合って決定します。持っていけるものは7つの物に限定します。先生は30分時間を計ります。メンバーのうち一人は書記になり、7つのアイテムを紙に書きだします。30分経ったところでグループの代表者はクラス全体に対してグループで話し合って決定した7つのアイテムを発表します。アイテム1つ1つについて持っていく理由も発表しましょう。1つのグループの発表が終わるたびにクラス全員で拍手をしましょう。

引用・参考文献

青木智子・水國照充・木附千晶著『エクササイズで学ぶ心理学－自己理解と他者理解のために』北樹出版、2011年

川瀬正裕・松本真理子編『新自分探しの心理学－自己理解ワークブック』ナカニシヤ出版、1997年

國分康孝編『構成的グループ・エンカウンター』誠信書房、1992年

諏訪茂樹著『援助者のためのコミュニケーションと人間関係〔第2版〕』建帛社、1999年

星野欣生著『人間関係づくりトレーニング』金子書房、2003年

第2章
スタディスキルズ
教育・保育の学び

保育者養成校の修業年数の中で、
さまざまな科目の知識や技能が日を重ねるごとに積み重なっていきます。
点のような知識・技能が面になり、
面が広がるように、知識・技能がつながり始めると、
各科目の関連性がとれ、保育・教育の学びを深めることができます。
そして、それらの科目はすべて連携し、
日々の学びの積み重ねが自己実現を可能に近づけてくれます。
この章では、保育・教育に関する専門分野を大まかな視点で学び、
保育者に必要な自ら学ぶ姿勢を身につけていきましょう。

【1】言語表現の学び

1 教育・保育者の言葉づかい

　親しい友人同士ではくだけた言葉づかいもよいですが、社会人になるためには場をわきまえた適切な言葉づかい―敬語―で話すことが必要です。敬語は「です・ます」をつければよいわけではありません。「敬語で話す」のは簡単なようで、ふだんから慣れておかないととっさには対応できないものです。ここでは、社会人として恥ずかしくない言葉づかいを学びます。

敬語の基本の確認
①尊敬語…話し手が、相手や話題の人（の動作など）を敬う場合に用いる。
　敬語動詞で表す。　（例）先生が食べる。→先生が召し上がる。
　「れる」「られる」の助動詞を用いる。　（例）先生が話す。→先生が話される。
　「お～になる」の形で表す。　（例）先生がお話になる。
②謙譲語…話し手が、自分や自分の側の者の動作をへりくだることによって、間接的に相手を敬う場合に用いる。
　敬語動詞で表す。　（例）私が訪ねる。→私がうかがう。
　「お（ご）～する」の形で表す。　（例）私がご連絡します。
　謙譲の意味を含む名詞・接頭語・接尾語を付ける。　（例）弊社　粗品
③丁寧語・美化語
　丁寧の意味を表す助動詞「です・ます」を付ける。　（例）お出かけします　ご登場です
　物事を美化して表す。　（例）お菓子　お茶　お水　ご飯

よくある敬語の間違い
尊敬語を自分に対して使ったり、謙譲語を相手に対して使ったりする誤りがよくみられます。
　（例）×わたしがご説明になります。→○私がご説明いたします。
　（例）×今日はどこへうかがわれますか？→○今日はどこへいらっしゃいますか？
敬語を重ねすぎるのも誤りです（二重敬語）。
　（例）×おっしゃられることの意味が分かりません。→「おっしゃる」に「られる」は不要。
　（例）×こちらの資料を拝見させていただきました。→「拝見しました」に「いただく」は不要。

【ワーク１】よく使われる敬語動詞を確認します。次の表の空欄に入る語を書き入れましょう。

基本動詞	尊敬語	謙譲語
① 行く	（　　　　　　　）・おいでになる	まいる・うかがう
② 来る	いらっしゃる・おみえになる	まいる・うかがう
③ いる	いらっしゃる・（　　　　　　　）	（　　　　　　　　　　）
④ 言う	（　　　　　　　　　　）	申す・申し上げる
⑤ 食べる	（　　　　　　　　　　）	（　　　　　　　　　　）
⑥ 聞く	お耳に入る	（　　　　　　　）・拝聴する
⑦ 見る	（　　　　　　　　　　）	（　　　　　　　　　　）
⑧ 思う	お思いになる	存ずる
⑨ あげる	（　　　　　　　　　　）	（　　　　　　　　　　）
⑩ する	（　　　　　　　　　　）	（　　　　　　　　　　）

＊解答はP.47にあります。

【ワーク２】次の文章を適切な敬語表現を用いて書き直しましょう。

＊解答はP.53にあります。

①先生、明日大学にいますか？

....

②明日９時に来るとお父さんが言ってます。

....

③ちょっと聞きたいことがあるんですがいいですか？

....

④どうぞ遠慮しないでいっぱい食べてください。

....

⑤メール見ました。私からすぐ連絡します。

....

⑥先生、客から電話があって、帰ったら電話してくれといってました。

....

⑦〇〇（自分側の人）が言っていたように、そこで順番に待ってください。

....

⑧いま〇〇（自分側の人）はいないんです。また来てもらっていいですか。

....

2　レポートの書き方

　ここでは、講義・演習・発表などで課されるレポート（報告）作成の方法を学びます。レポートは、授業で得た知識や研究方法をもとに、テーマに沿った内容の先行研究をまとめ、自らの主張を述べるものです。授業では、試験の代わりにレポートの提出が求められることも多く、成績評価の対象となります。

テーマの設定

　授業のレポートの場合、あらかじめテーマが設定されている場合も多いです。あるいは授業で扱った内容のなかから、自分が興味を持ったテーマについて調べるという場合もあります。大きすぎるテーマでは分量が多くなってしまいますし、反対に小さすぎるテーマでは期待した資料が見つからないこともあります。テーマ設定は、資料探しと並行しながら、自分が興味をもって意見を述べることができることをみつけてください。

　【ワーク3】練習のために、レポートを書く準備をします。どんな話題でもかまいませんので、
　教育・保育分野で興味があるテーマ2つを考えて書いてみましょう。

テーマ①

テーマ②

資料の集め方

　テーマが決まったら、そのテーマに沿った資料を集めていきます。ただ考えているだけでは何も始まりません。まずは資料を集める行動に出て、たくさんの知識・情報を得てください。

〇インターネットを利用する
　現在は何かを調べたいとき、インターネットによる検索が最も便利だといえます。ちょっとした調べものでしたらそれだけで済んでしまうでしょう。しかし、インターネット上の情報には、信頼性がはっきりしないもの、悪意をもって編集されたものも含まれています。そのサイトが確かな情報源であるかしっかり見極めることが必要です。レポート作成の際は、インターネット上の情報だけに頼らず、必ず書籍などを確認して得た知識・情報を反映させるようにしましょう。

〇文献資料の探し方
①辞書、事典を調べる…まずは一般的な辞書、事典を手に取って、テーマについての基本的な知識を得ることです。インターネット上の文献（ウィキペディアやまとめサイトは引用された情報なので、元の文献に当たること）とあわせて参照するのもよいでしょう。
②概説（入門）書を読む…基本的な知識を得たら、その分野の基本的な概説書（入門書）を読みましょう。一つのテーマについて手軽に知識を得られて安価な「新書」がおすすめです。授業のレポートの場合はまずは教科書、指定されている参考書をしっかり読んでください。
③専門書を読む…その分野の名著と呼ばれる本を読んだり、あるいは最新の研究動向を把握したりする必要があります。特に教育・保育に関わる分野は日々研究が進んでいます。つねに新しい知識を得ることができるように、専門的な資料を読む努力をしましょう。わからない場合は養成校の先生に教えていただくのもよいでしょう。
〇図書館を利用する
　資料の入手方法として、最も利用しやすいのは自分の通う学校の図書館です（図書館が併設していない場合も

あります）。学校に在籍しているのであれば、図書館にはその学校の学部・学科に関する専門的な資料が集められており、資料を借りることができます。各地方自治体が運営している公共図書館も、在住（もしくは在学在勤）であれば資料を借りることができます（登録条件を満たしていなくても相談すれば貸し出し登録できる場合もあります）。公共図書館は専門的な図書よりも、一般向けの図書が充実しています。図書館では蔵書をデータベース化しており、インターネット検索できます（OPAC）。それでも資料が見つからない場合は、専門的な図書館や、日本一の蔵書を誇る国立国会図書館などの利用もできます。ただし、こうした図書館では資料の貸し出しを行なっていないので、複写（コピー）を依頼することになります。

〇資料の記録をとる
　資料を集めたら、忘れないように記録をとっておきます。その際、著者名、書名（タイトル）、出版社、出版年を必ず記録しておくようにしましょう。

【ワーク4】先ほど選んだテーマ（一つ）についての資料を、実際に集めてみましょう。ここでは練習として、テーマに沿った書籍を5つ、メモを取ってみてください。

	著者	書名	出版社	出版年
①				
②				
③				
④				
⑤				

レポートの基本的な構成
　授業におけるレポートの場合は、テーマについての基本的な内容を教科書や参考書を用いて示し、さらにこれまでの研究の成果（先行研究）についての概要をまとめて、自分の考えを述べることができれば合格点です。「何を読めばわかるのか」（資料の検索方法）と「何が書いてあるのか」（先行研究の読解と要約）を把握する力を身につけてください。

〇「主張」と「根拠」を示す
　レポートは「感想文」とは違います。感想文は本を読んで、感じたことを書きます。しかし、こうした心情・気持ちはレポートには必要ありません。必要なのは自分の主張とその根拠です。「私はこう思う！」ということだけではなく、必ず「主張」の「根拠」を明確に示す必要があります。根拠とは客観的な事実と先行研究です。「データ・先行研究に書かれていること」（根拠）→「だから自分はこう考える」（主張）の積み重ねがレポートです。

〇レポートの構成
　序論…これから書こうとするテーマを明らかにして、どんな結論を述べるのか簡単に予告します。
　本論…具体的な根拠（参考文献の引用、要約など）を示しつつ、自分の主張を述べて、読み手を納得させる結論を導きます。
　結論…最初に述べた結論を再度述べ、全体の振り返りをします。今後の課題などにも触れます。
　注…本文中で触れられなかった詳細や、文献などについて注を付します。
　参考文献…本文を書く際に参考とした資料を一覧にします。

○引用のルール
　資料やウェブサイトの情報を引用することはかまいません。しかし、誰かが書いた文章をそのまま自分が書いたかのように書くことは盗用・剽窃（ひょうせつ）に当たります。これはレポートを書く際に最もしてはいけないことであり、著作権法に触れる場合もあります。引用をする場合は、ルールにのっとって、何から引用したのか、だれの意見であるのかをはっきりさせる必要があります。引用する場合には、引用であることが明確になっているか、出典が正確に記載されているか、を必ず確認してください。
○引用の方法
　　短い引用の場合…本文中に「　」を使って引用する
　　長い引用の場合…前後一行を空白にして引用箇所がひとめでわかるようにする。
○参考文献の書き方
　レポートを書く際に参考にした資料は、参考文献としてレポートの末尾に記載してください。まったく独創的にレポートを書くということはおそらくできないと思います。参考文献の数は、読書の努力の証ですので、多ければ多いほどよいともいえます。参考文献を示す際には、著者名、書名、出版社、出版年を書きましょう。この４つは文献を表す基本情報ですので必ず書いてください。書名は『　』、論文名は「　」でくくります。論文の場合は収録されている書籍の基本情報も書きます。雑誌の場合は、巻号と発行年月日を書くようにします。
　　　一般的な書籍…①著者名②『書名』③出版社、④出版年。
　　　　例…吉田太郎『保育のひみつ』朝顔出版、2008年。
　　　書籍に収録されている論文…①著者名「②論文名」③編著者名『④書名』⑤出版社、⑤出版年
　　　　例…木村花子「学級経営における担任の役割について」光村邦彦編『学校世界』コメダ書房、2017年。
　　　雑誌論文…①著者名「②論文名」③編著者名『④雑誌名』⑤巻号、⑥出版社、⑦出版年月
　　　　例…持田望夫「コモチシシャモの栄養価」全国栄養学会編『栄養素研究』第８巻第５号、常盤書店、
　　　　2017年３月。
　　　ウェブサイト…①『文書名』②発行者名、③ＵＲＬ、④閲覧年月日
　　　　例…『平成27年度　文部科学白書』文部科学省
　　　　http://www.mext.go.jp/b_menu/hakusho/html/hpab201601/1375335.htm　閲覧日2017年８月31日
○形式を整えること
　レポートは基本的にはパソコンで作成し、プリントアウト（印刷）して提出します。書く前に確認し、書式のルールを守ることも大切です。指定を守らないと提出を受け付けてもらえないこともあります。提出する前に次のようなチェックを行ないましょう。
　　□手書きか？　パソコンか？　指示の通りに作成しましょう。
　　□手書きの場合…丁寧に書かれていますか？　急いで乱雑に書いたものはそれだけで評価を落としてしまいます。
　　□縦書きか？　横書きか？
　　□紙のサイズは　Ａ４かＢ５か？　一般的にはＡ４サイズです。
　　□字数は？　Ａ４サイズ横書き１枚につき、１行40字×25〜30行（400字詰め原稿用紙３枚程度、1000〜1200字が基本）が目安です。フォントは明朝体（**明朝体はこのフォントです**）を使いましょう。ポイントは10.5ポイントが標準です。
　　□枚数は？　枚数制限を確認してください。字数によってレイアウトを調整しましょう。表紙をつけるのか、表紙を含む枚数なのかも確認しましょう。
　　□敬体「です・ます」と常体「だ・である」をまぜていませんか？　レポートは一般的に常体「だ・である」を用いて書きます。
※このほかにも、授業によってルールがあります。書く前に必ず確認しましょう。

3　話し言葉と書き言葉

　私たちがふだん話している言葉と、文章に表す書き言葉は違います。改まった文章を書くときには特有の表現があり、社会で仕事をするうえで身に付けてほしい能力です。

　【ワーク５】次に挙げる話し言葉の表現を、適切な書き言葉の表現に直してみましょう。

＊解答はP.53にあります。

①私的には、すごく楽しいなぁって思いました。

　……

②こんにちわ。朝起きれなくてちょっぴり寝坊しちゃいました。

　……

③すごいしゃべったんで、めちゃくちゃしんどいです。

　……

④風邪をひいちゃいました。なので、休ませてください。

　……

⑤その日なら、全然ありだといってもいいです。

　……

⑥野菜が体にいいってことは知ってるけど、毎日そんなにいっぱい食べれません。

　……

⑦お姉ちゃんがいつも着てるやつを今日は借りてきちゃいました。

　……

⑧メモしておいたんで、この続きの掃除をやっちゃってください。

　……

⑨幼稚園と保育園は違ってるけど、どっちがいいってもんじゃないです。

　……

⑩実習とかに行けば、もうちょっとできるようになるんじゃないかとふつうに思います。

　……

4　わかりやすい文章を書く

　ここでは文章を書くときに気をつけたいことを学びます。何となく文をつなげていくことで、分かりにくい文章を書いていないでしょうか？　文章を書く際には必ず読み返しながら、意味がきちんと通じているかどうかを確認しましょう。

【ワーク６】次に挙げる文章はどこかおかしなところ、あるいは文意がはっきりしないところがあります。どのように直したらよいかを考えて、適切に改めてみましょう。

＊解答はP.53にあります。

①この学校の特徴は、どの生徒も決められた制服を着ていません。

　　………

②私が将来なりたい職業は、保育士になりたいと思っている。

　　………

③学園祭の模擬店について各クラスで決定して、今月末までには決めてください。

　　………

④私が新しい服を買ったのは、友人の結婚式に出席するために購入しました。

　　………

⑤鈴木さんのように努力を続けられない人には、上達は見込めないだろう。

　　………

⑥子どもたちは散歩の途中、公園の遊具で遊んだり、電車をながめています。

　　………

⑦私にとって大学生時代に熱中したことは、部活の軽音楽部で練習していたドラムの演奏をすることです。

　　………

⑧私はいつも食事はほとんどコンビニで買って食べて済ませてしまっているが、いつもコンビニを使っているほうが、一人暮らしの場合の食事はむしろ本当に安く済むのではないかと思っている。

　　………

⑨私が一生懸命に教えた結果、「わかった」と言って笑顔を見せる本当にやりがいのある仕事です。

　　………

⑩先生のお話では、保育士という仕事は命を扱う仕事であるために私につらい時でも一緒に成長できるということがあり、一人の人間が成長する大事な時期を見守るという仕事です。

　　………

基本漢字100●書き

保育・教育の現場でよく使われる漢字です。手書きで書く機会が多く、間違えて覚えてしまいがちな漢字を選びました。正しく書けるようにしておきましょう。　　　　＊解答は P.48 にあります。

1　**ハッタツ**段階を知る
2　成長の**カテイ**
3　**シンケン**な演技
4　実力を**ハッキ**する
5　入念な**ジュンビ**
6　市役所に**キンム**する
7　**ケイゾク**する努力
8　明日は**ソツギョウ**式です
9　児童を**インソツ**する
10　**ジガ**が芽生える
11　**セイセキ**がよかった
12　**セッキョク**的に発言する
13　運動会は**エンキ**です
14　**コウテイ**で遊ぶ
15　**カンゴ**師の資格
16　入院**カンジャ**
17　自宅に**ショウタイ**する
18　自己**ショウカイ**する
19　**イガイ**な質問だ

20　自分**イガイ**の誰か
21　**トクチョウ**的な行動
22　水分を**ホキュウ**する
23　**キンチョウ**しています
24　**セイケツ**な部屋
25　特別な**ハイリョ**
26　**ヘンショク**を直す
27　ここは**サツエイ**禁止です
28　**ガマン**強い性格
29　**ソウゲイ**の車が来る
30　幼稚園**キョウユ**
31　**ショウニ**科の先生
32　**ヒフ**科の先生
33　実家に**キセイ**する
34　**ジョウミャク**注射
35　**ケビョウ**で休む
36　自宅で**タイキ**する
37　**エイゾウ**で確認する
38　大学の**コウギ**

基本漢字100●書き 続き

39 実態を**ハアク**する
40 **カンセン**を予防する
41 **レンラク**をください
42 しっかり**レンシュウ**する
43 事故を**ミゼン**に防ぐ
44 **ホウコク**してください
45 衣服を**チャクダツ**する
46 **ハンノウ**がない
47 教育が**センモン**です
48 自宅を**ホウモン**する
49 **タイソウ**選手
50 **カンソウ**した部屋
51 芸術に**カンシン**がない
52 **カンシン**な息子だ
53 詩を**ロウドク**する
54 **インショウ**的なことば
55 **コウカイ**しない生き方
56 幼稚園の**セイサク**活動
57 教員の**レンケイ**
58 **ロウカ**を走らない
59 **キゲン**が悪い

60 **ケンキョ**な心を持つ
61 **ヒナン**訓練
62 子どもを**エンジョ**する
63 **カンキョウ**を整える
64 食卓を**ジョキン**する
65 **ジッセン**力を身につける
66 **フクシ**に興味を持つ
67 合唱の**バンソウ**をする
68 **キュウカ**をとる
69 **ヨウショウ**期の思いで
70 **メンエキ**力の向上
71 **ボウシ**をかぶる
72 五**サイジ**のクラス
73 **ハイケイ**、父上様
74 **モホウ**と創造
75 **ハイセツ**を補助する
76 **ギャクタイ**を防止する
77 **エンショウ**を起こす
78 自信を**ソウシツ**する
79 **スイミン**不足です
80 **アイサツ**を交わす

81　人生に**ナヤ**む

82　**ハゲ**しい痛み

83　**ウレ**しい知らせ

84　手を**ツナ**ぐ

85　犬を**カ**う

86　人と**セッ**する仕事

87　ピアノを**ヒ**く

88　ごみを**ス**てる

89　ごみを**ヒロ**う

90　鉛筆を**カ**りる

91　鉛筆を**カ**す

92　アルバイトを**ハジ**める

93　**ハジ**めての実習

94　外はとても**サム**い

95　子どもを**アズ**かる

96　成功を**ノゾ**んでいる

97　海に**ノゾ**む部屋

98　友人を**ハゲ**ます

99　豊かな心を**ハグク**む

100　靴を**ハ**く

【解答】
■敬語　ワーク1

基本動詞	尊敬語	謙譲語
① 行く	（いらっしゃる）・おいでになる	まいる・うかがう
② 来る	いらっしゃる・おみえになる	まいる・うかがう
③ いる	いらっしゃる・（おいでになる）	（おる）
④ 言う	（おっしゃる）	申す・申し上げる
⑤ 食べる	（めしあがる）	（いただく）
⑥ 聞く	お耳に入る	（うかがう）・拝聴する
⑦ 見る	（ご覧になる）	（拝見する）
⑧ 思う	お思いになる	存ずる
⑨ あげる	（くださる）	（差し上げる）
⑩ する	（なさる）	（いたす）

【解答】
基本漢字１００●書き

1	発達	21	特徴	41	連絡	61	避難	81	悩
2	過程	22	補給	42	練習	62	援助	82	激
3	真剣	23	緊張	43	未然	63	環境	83	嬉
4	発揮	24	清潔	44	報告	64	除菌	84	繋
5	準備	25	配慮	45	着脱	65	実践	85	飼
6	勤務	26	偏食	46	反応	66	福祉	86	接
7	継続	27	撮影	47	専門	67	伴奏	87	弾
8	卒業	28	我慢	48	訪問	68	休暇	88	捨
9	引率	29	送迎	49	体操	69	幼少	89	拾
10	自我	30	教諭	50	乾燥	70	免疫	90	借
11	成績	31	小児	51	関心	71	帽子	91	貸
12	積極	32	皮膚	52	感心	72	歳児	92	始
13	延期	33	帰省	53	朗読	73	拝啓	93	初
14	校庭	34	静脈	54	印象	74	模倣	94	寒
15	看護	35	仮病	55	後悔	75	排泄	95	預
16	患者	36	待機	56	製作	76	虐待	96	望
17	招待	37	映像	57	連携	77	炎症	97	臨
18	紹介	38	講義	58	廊下	78	喪失	98	励
19	意外	39	把握	59	機嫌	79	睡眠	99	育
20	以外	40	感染	60	謙虚	80	挨拶	100	履

基本漢字１００●読み

日常生活でよく用いられる読み方の難しい漢字を集めました。社会人への準備としてしっかり覚えておきましょう。

＊解答はP.52にあります。

1　**真摯**に受け止める
2　事態は**膠着**している
3　**雪辱**を晴らす
4　論理が**破綻**している
5　**氾濫**を防ぐ工事
6　**杜撰**な管理
7　悪事が**隠蔽**される
8　**適宜**解散です
9　**進捗**状況を報告する
10　**躊躇**なく攻める
11　趣味**嗜好**が異なる
12　業務を**遂行**する
13　**執着**心が強い
14　**粘膜**が傷つく
15　ご**逝去**されました
16　**危惧**する
17　**解熱**剤を飲む
18　法律を**遵守**する
19　可能性は**皆無**です
20　軽く**会釈**する
21　心の**呵責**
22　**骨董**品を集める
23　配偶者**控除**を受ける
24　**羨望**の眼差し
25　大臣に**委嘱**される
26　三大**疾病**
27　**脆弱**なシステム
28　文章を**推敲**する
29　**率先**して行動する
30　この**界隈**に出没する
31　**凡例**をご覧ください
32　**捺印**してください
33　法律が**施行**される
34　全国**行脚**する
35　**割烹**料理の名店
36　神社の**境内**
37　**仮病**で寝ている
38　実家に**帰省**する

基本漢字100●読み 続き

39 月極駐車場を借りる

40 壊死がはじまる

41 居住者用の設備

42 静脈注射を打つ

43 出納係はこちらです

44 ご祝儀をいただく

45 御利益があるお守り

46 外科の医師

47 雑炊を食べる

48 熨斗袋を買う

49 木綿のハンカチ

50 乳母車を押す

51 陽炎が立ち昇る

52 初詣に出かける

53 雪崩が起こる

54 潔い決断

55 参加者を募る

56 支払いが滞る

57 無駄を省く

58 説明を補う

59 話を遮る

60 心の糧となる

61 何卒よろしくお願いします

62 梅雨明け宣言

63 草履をはく

64 提灯を飾る

65 科白を覚える

66 刷毛で塗る

67 火傷をする

68 硝子細工

69 蝉の声

70 煎餅を焼く

71 羊羹を買う

72 お土産の饅頭

73 広東料理

74 四川料理

75 餃子が好物です

76 焼売が名物です

77 秋刀魚を焼く

78 蟹と戯れる

79 烏賊釣り船

80 牡蠣の季節

81 **鮎**の塩焼き

82 **鮭**のムニエル

83 **鱈**の鍋料理

84 海で**鮑**を獲る

85 **鰻**の蒲焼き

86 **鰹**の一本釣り

87 **鯛**の尾頭付き

88 **鰤**の照り焼き

89 **鰯**の頭も信心から

90 **鯵**フライ

91 **蜜柑**の花

92 **紫陽花**の季節

93 **檜**のお風呂

94 **筍**を掘る

95 **葡萄**ジュース

96 豚の**生姜**焼き

97 **胡瓜**の漬物

98 **南瓜**のスープ

99 **西瓜**の栽培

100 **生蕎麦**の名店

【解答】
基本漢字１００●読み

1　しんし	21　かしゃく	41　きょじゅう	61　なにとぞ	81　あゆ
2　こうちゃく	22　こっとう	42　じょうみゃく	62　つゆ	82　さけ
3　せつじょく	23　こうじょ	43　すいとう	63　ぞうり	83　たら
4　はたん	24　せんぼう	44　しゅうぎ	64　ちょうちん	84　あわび
5　はんらん	25　いしょく	45　ごりやく	65　せりふ	85　うなぎ
6　ずさん	26　しっぺい	46　げか	66　はけ	86　かつお
7　いんぺい	27　ぜいじゃく	47　ぞうすい	67　やけど	87　たい
8　てきぎ	28　すいこう	48　のし	68　がらす	88　ぶり
9　しんちょく	29　そっせん	49　もめん	69　せみ	89　いわし
10　ちゅうちょ	30　かいわい	50　うば	70　せんべい	90　あじ
11　しこう	31　はんれい	51　かげろう	71　ようかん	91　みかん
12　すいこう	32　なついん	52　はつもうで	72　まんじゅう	92　あじさい
13　しゅうちゃく	33　しこう	53　なだれ	73　かんとん	93　ひのき
14　ねんまく	34　あんぎゃ	54　いさぎよ	74　しせん	94　たけのこ
15　せいきょ	35　かっぽう	55　つの	75　ぎょうざ	95　ぶどう
16　きぐ	36　けいだい	56　とどこお	76　しゅうまい	96　しょうが
17　げねつ	37　けびょう	57　はぶ	77　さんま	97　きゅうり
18　じゅんしゅ	38　きせい	58　おぎな	78　かに	98　かぼちゃ
19　かいむ	39　つきぎめ	59　さえぎ	79　いか	99　すいか
20　えしゃく	40　えし	60　かて	80　かき	100　きそば

第2章 スタディスキルズ【1】言語表現の学び

【解答】

■敬語　ワーク2
①先生、明日大学にいらっしゃいますか？
②明日9時にうかがうと父が申しております。
③少々おうかがいしたいことがあるのですが、よろしいでしょうか？
④どうぞ遠慮なさらずにたくさん召し上がってください。
⑤メール拝見しました。私からすぐご連絡します（ご連絡いたします）。
⑥先生、お客様からお電話がありまして、お戻りになったらお電話くださいとおっしゃっておりました。
⑦○○が申しておりましたように、そちらで順番にお待ちください。
⑧いま○○は席を外しております。（申し訳ありませんが、）またお越しいただいてもよろしいでしょうか。

■話し言葉と書き言葉　ワーク5
①私としては、とても楽しいと思いました。
②こんにちは。朝起きられなくて少し寝坊してしまいました。
③たくさん話したので、とても疲れました。
④風邪をひいてしまいました。そのため、欠席いたします。
⑤その日でしたら、問題ありません（大丈夫です）。
⑥野菜が体に良いということは知っていますが、毎日それほどたくさんは食べられません。
⑦姉がいつも着ている服を今日は借りてきてしまいました。
⑧メモしておきましたので、この続きの掃除をしてください。
⑨幼稚園と保育園に違いはありますが、どちらかがよいというものではありません。
⑩実習に行けば、もう少しできるようになるのではないかと思います。

■わかりやすい文章を書く　ワーク6
①この学校の特徴は、どの生徒も決められた制服を着ていない（ということです）。
②私は将来、保育士になりたいと思っている。**＊主語－述語の関係を明確にする**
③学園祭の模擬店について、各クラスで今月末までに決定してください。**＊「決定」と「決める」が重なっている**
④私が新しい服を買ったのは、友人の結婚式に出席するためです。**＊「買う」と「購入」が重なっている**
⑤努力が続けられない鈴木さんのような人には、上達は見込めないだろう。／鈴木さんのように努力が続けられる人でなければ、上達は見込めないだろう。**＊どちらともとれる文章にならないようにする**
⑥子どもたちは散歩の途中、公園の遊具で遊んだり、電車をながめたりしています。**＊「～たり、～たり」は二回続けて用いる**
⑦私は大学時代、軽音楽部でドラムの演奏に熱中しました。**＊より簡潔な表現に整える**
⑧私の食事はほとんどコンビニで済ませてしまっている。しかし、一人暮らしの食事はその方が安く済むのではないだろうか。**＊より簡潔な表現に整える**
⑨私が一生懸命に教えた結果、子どもたちは「わかった」と言って笑顔を見せます。この仕事は、本当にやりがいがあります。
＊文が長くなるとわかりにくい。文章を短く切る
⑩先生から、「保育士は命を預かる仕事であり、私はつらい時でも一緒に成長できると思っている」というお話をいただいた。私はこの仕事は一人の人間の成長する大事な時期を見守ることだと考えました。
＊文が長くなると分かりにくい。文章を短く切る

【2】各分野の学び

　保育者になるためには、様々な科目を学ばなければなりません。
高校のときには、「これが自分の将来にどう役立つの？」と思った科目もあるかもしれません。しかし保育者養成校で学ぶ科目は、直接にも間接にも自分の夢の実現に結びついた科目です。大半が一生懸命勉強しなければならない科目ですが、将来に役立つことがわかるので、やりがいのある科目です。また保育者はマルチな仕事ですので、科目の種類も、大変多様です。
　ここでは、皆さんが学ぶ科目がどのようなものなのかをピックアップして具体的に説明しましょう。そして、各分野の学びにふれてみましょう。
　P.55から保育分野、P.79から教育・心理分野の授業を紹介します。

学習した日　　月　　日

保育原理　―保育の基本について学ぶ―

1. 保育原理とは

「保育原理」という科目は、保育士養成課程において「保育の本質・目的に関する科目」に位置づけられています。そして、保育の基礎や基本をこの科目で学ぶことになります。具体的には、保育の意義、保育所保育指針における保育の基本、保育の内容と方法の基本、保育の思想と歴史的変遷についての理解を深め、保育の現状と課題について考察する力を養っていくことが目標となります。

その中で、保育の基礎や基本を学ぶだけではなく、時代を経て変わりゆくもの、時代が変わっても変わらず大事にしてゆくことを自分でしっかりと見極め、それらを踏まえて、自分が大切にしたい保育理念や保育観に気づき、保育者となった時の在り方を考えていける学びの場となることを願います。

　　ワーク1　今まで出会った中で一番印象に残っている先生、好きだった先生はどんな先生でしたか？

2. 保育所、幼稚園、認定こども園の比較

表1　比較表

	保育所	幼稚園	認定こども園（幼保連携型）
根拠法令	児童福祉法	学校教育法	認定こども園法※
所轄	厚生労働省	文部科学省	内閣府、文部科学省、厚生労働省
対象	保育を必要とする乳児・幼児	満3歳から小学校就学の始期に達するまでの幼児	小学校就学の始期に達するまでの者
保育時間	原則として1日8時間	1日の教育時間は4時間を標準とする	教育に係る標準的な1日当たりの時間は4時間。保育を必要とするこどもは1日につき8時間を原則とする
資格・免許	保育士	幼稚園教諭	保育教諭　保育士資格および幼稚園教諭免許状の両方を所持している者

※正式名称は「就学前の子どもに関する教育、保育等の総合的な提供の促進に関する法則」
出典：森上史朗『最新保育資料集』ミネルヴァ書房、2016を基に筆者作成

　　ワーク2　保育施設それぞれの違いや気づいた点を話し合ってみましょう。

3. 保育とは

「保育」という言葉のはじまり

「保育」という言葉は、日本で最初の幼稚園である東京女子師範学校附属幼稚園（1876年設置）の規則の中ですでに用いられていました。それ以降、幼児教育には「保育」という言葉が用いられています。

「保育」という言葉の意味

「保育」という言葉は、幼稚園や保育所における集団での保育の意味と、家庭の乳幼児を対象とする家庭保育の両方の意味合いがあります。一般的には、幼稚園や保育所における集団での保育の意味で使用されていることが多いです。

学校教育法と児童福祉法の「保育」の使われ方と意味

学校教育法第22条（2007年改定）

「幼稚園は、義務教育及びその後の教育の基礎を培うものとして、幼児を保育し、幼児の健やかな成長のために適当な環境を与えて、その心身の発達を助長することを目的とする。」として使用されています。

学校教育法（1947年制定）の草案を作成した、坂元彦太郎は保育という言葉を「保護育成・保護教育の略である」と述べています。つまり世話することと（保護）と、自身で伸びるのを助けることを（育成）を一体的に行うことが保育であるとしています。

児童福祉法第39条（2015年改定）

「保育を必要とする乳児・幼児を日々保護者の下から通わせて保育を行うことを目的とする施設（中略）」として使用されています。

児童福祉施設である、保育所における「保育」については、保育所保育の国家基準である「保育所保育指針」（2008年改定）の第1章総則の中で、保育所は目的を達成するために「（略）保育所における環境を通して、養護及び教育を一体的に行うことを特性としている」と示し、「こどもの生命の保持と情緒の安定を図るために保育士等が行う援助や関わりである（養護）」と「子どもが健やかに成長し、その活動がより豊かに展開されるための発達の援助である（教育）」を一体となって展開されることだということが明示されています。

ワーク3　幼稚園や保育所の「保育」と小学校以上の「教育」の違いについて意見を出し合ってみましょう。

保育

教育

4．保育に影響を与えた思想家

表2　保育の思想家一覧

人　名	フリードリヒ・ヴィルヘルム・フレーベル (Friedrich Wilhelm August Fröbel)	マリア・モンテッソーリ (Maria Montessori)	倉橋惣三
生　涯	1782年～1852年 ドイツの教育学者	1870年～1952年 イタリアで初の女性医学博士 障害児教育と幼児教育実践者	1882年～1955年 日本の幼児教育の理論的指導者
実　践	1840年 世界で最初の幼稚園を創設 「キンダーガルテン」	1907年 「子どもの家」の創始者	1917年 「東京女子高等師範学校附属幼稚園」の主事（園長）に就任
教材・遊具	恩物	モンテッソーリ教具	なし
著　書	1826年『人間教育』他	1912年『こどもの発見』他	1934年『幼稚園真諦』他
保育観	人間の教育には、幼児期の経験が重要である。特に「遊び」のような、子どもの自発的な活動や創造的な活動を重視した。	幼児期に精神的発達の基礎として感覚の訓練が最も重要であるとした。「モンテッソーリ・メソッド」	幼児の自発生活を尊重して、"生活を、生活で、生活へ"と導くことが大切であり、その中心は「遊び」であるとしている。「誘導保育論」

出典：筆者作成

ワーク4　フレーベルの「恩物（おんぶつ）」、モンテッソーリの「教具（きょうぐ）」にはどのようなものがあるか、調べてまとめてみましょう。

ワーク5　学びを通して、どのような保育が理想だと思いましたか？　また、自分はどのような保育者になりたいと感じましたか？

引用・参考文献

厚生労働省編　『保育所保育指針解説書』フレーベル館、2008年

森上史朗・柏女零峰編　『保育用語辞典〔第6版〕』ミネルヴァ書房、2010年

谷田貝公昭・原裕視編集代表『子ども心理辞典』一藝社、2011年

（福田篤子）

保育者論

1.「保育者」とは①

　新しい幼稚園教育要領・保育所保育指針・幼保連携型認定こども園教育・保育要領が告示（2017年3月31日）され、保育や保育者の在り方が従来と異なる部分も多数あります。その特徴に注目しましょう。主に関連する科目では、教職概論や保育指導論、教育方法学などが挙げられます。また、対象となる子どもの在り方を踏まえて観るならば、児童文化や保育内容指導（5領域）に関連する科目が関係します。

「保育者」としての専門性

　現在、幼児教育・保育に携る人々には、「学校教育法」に定められる幼稚園教諭や「児童福祉法」に定められる保育所の保育士、また「就学前の子どもに関する教育、保育等の総合的な提供の推進に関する法律」に定められる（幼保連携型）認定子ども園の職員（保育教諭 等）などが挙げられますが、一般的にこうした人々を「保育者」と総称しています。しかし、幼児教育・保育の現場に関わる人々に注目すると、看護師や調理師・栄養士・栄養教諭をはじめ、心理や保健の専門家、養護教諭や学校医等もおり、広い意味ではこうした人々も「保育者」として存在しています。即ち、幼児教育・保育の現場は、様々な専門性を有した教職員が、その専門性を生かして「子どもの成長発達を支えている」施設・環境なのです。本章では、特に幼稚園教諭・保育士・保育教諭等を中心として指す場合の「保育者」について説述していきます。

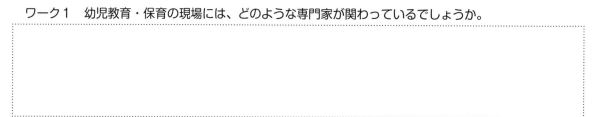

ワーク1　幼児教育・保育の現場には、どのような専門家が関わっているでしょうか。

　ところで、幼稚園教諭は「教育職員免許法」によって定められた幼稚園教諭免許状を必要とし、保育士は保育士養成課程のある大学・短期大学・専門学校で単位を取得するか、保育士試験に合格し保育士資格を取得する必要があり、こうした資格制度が準備された職業という意味において、幼児教育・保育に携る保育者は大体専門職としての性格を有しています。しかし、教育・保育活動を生業とする「保育者」としての専門性を考える場合、単に必要とする資格を有し、教える（学ぶ）ことの内容についての専門的な知識（例えば、保育内容や保育・教育原理）や、教える上での技法（保育・教育方法）についての知識などを身に付けておくことは当然ですが、同時に「保育者」としての在るべき姿（姿勢・心構え）についても十分わきまえておく必要があります。つまり、「保育者」の在り方全般に言えることですが、「保育者」とは単に知識や技術を効率的に教え伝える技術者として存在するのではなく、子どもの成長発達を支える存在としてあること－子どもに寄り添う姿勢の在り方－が求められるのです。特に乳幼児期の子どもは生涯にわたる人格形成を培う重要な時期であり、そこに携る保育者の場合、子どもに対する関わり方についても十分な理解が必要となってくるのです。

2.「保育者」とは②

「保育者」としての姿勢

　幼稚園の創始者であるフレーベル（F. Fröbel 1782～1852）の墓碑銘には「さあ、我々の子どもたちのために生きよう！」と記されており、これは彼の幼児教育思想の一端を示す言葉であると共に、幼児教育・保育に携る人々に求められるべき姿勢を象徴する言葉として解することができます。フレーベルは、子ども達を植物に例え、また教師を庭師に例え、教師は過剰に世話し過ぎることなく子どもの伸びる方向性にまた伸び方に応じて援助する在り方を一つの教師像として示していました。こうした姿勢は彼独自の視点ではなく、児童中心主義の

モンテッソーリ（M. Montessori 1870～1952）の「教師は能動的な影響よりずっと受身的な影響とならなければならない」やケイ（E. Key 1849～1926）の「自分が子どものようになることが、子どもを教育する第一の条件である」との意見とも本質的には共通しており、子どもの自主性・主体性を尊重した目線に立ち、そして子どもに寄り添う形で関わる在り方を求めているのです。

　次に、日名子太郎（1922～2001）は著書『保育学序説』の中で、保育者の在り方について「保育者は、保育者であるより前に人間であり、また人間であらねばならない」と論じており、その人間性を高める上で一般教養を学ぶことを通して自己の人間性を高めるよう努力し、独創性を身につける訓練に努め、健康な知性の建設を目指すことを求めています。そして、教職教養を通しては、人間への深い洞察力を養うことが必要であると論じています。こうした意見は、例えばペスタロッチ（J.H. Pestalozzi 1746～1827）の「人間よ、なんじはまず子どもであり、しかる後職業の徒弟である」と指摘した基礎陶冶の重要性を主張した見解とも共通するものであり、保育者（教師）には高いヒューマニズムに対する理解が根底に据えられる事が必要であることを言い表しています（参考：保育・教育史関連科目）。

　こうした知見は、特別保育者（教師）としての専門性に止まるものではなく広く人間一般に求められるものであるといえますが、改めて保育または教育という行為が「豊かな人間性と創造性を備えた人間の育成」（教育基本法前文より）を目指すものであり、人間形成に関わる営みであるという点を踏まえれば、殊更に意識しておくべきことであるといえます。したがって、子どもに寄り添い・関わる「保育者」は、まず先人達が示した保育者（教師）としての姿勢に対する示唆を踏まえておくことが大切なのです。

3.「保育者」の仕事・立場

新幼稚園教育要領・保育所保育指針・幼保連携型認定こども園教育・保育要領にある「保育者」

　保育者を目指す学生にその動機を尋ねると、「子どもが好きだから」や「兄弟の世話を通して幼い子と関わることに興味を持った」、「自分が通った保育所（幼稚園）の保育士（先生）が素敵だった」と回答する学生が多く見受けられます。無論、「子どもが好き」であることは保育者として大切な姿勢であると共に素直な動機として良いものですが、実際の幼児教育・保育を営む保育者の仕事には、様々な側面がありまた様々な立場をもって子どもと関わることが求められています。

　新しい幼稚園教育要領・保育所保育指針・幼保連携型認定こども園教育・保育要領が告示されましたが、それぞれの総則の中に幼稚園教諭・保育士・保育教諭の大まかな役割が示されています。

　　参照箇所
　　○保育士の役割について
　　児童福祉法：第18条の4、保育所保育指針：第1章 総則　1 保育所保育に関する基本原則　(1) 保育所の役割
　　○幼稚園教諭の役割について
　　幼稚園教育要領：第1章 総則　第1 幼稚園教育の基本
　　○保育教諭の役割について
　　幼保連携型認定こども園教育・保育要領：第1章総則　第1 幼保連携型認定こども園における教育及び保育の基本及び目標等
　　1 幼保連携型認定こども園における教育及び保育の基本

　保育士の場合は、保育所における環境を通して養護及び教育を一体的に行う中で、特に子どもに対する保育とその保護者への保育に関する指導を行うことが定められています。また、幼稚園教諭や保育教諭の場合は、子どもの主体的な活動が確保される環境を整備し、また子どもと共に保育・教育環境を創造することが定められています。その環境とは、教材並びに物的・空間的な環境であり、更に保育者自身が子どもの活動に応じた様々な役割を果たす人的環境の一つとしてあることが定められています。

したがって、子どもに対する保育者の関わりとは、保育計画に基づく保育環境の整備・設定を意識しておくことが先ず大切になってくるのです。当然、直接子ども達と遊ぶことや何かの活動を行うこともあるわけですが、それは単に子ども達の遊び相手となっているわけではなく、子ども達が主体的に遊び・活動することを支える立場として関わっていることを見落としてはなりません。

　　ワーク3　子どもに対する関わりの中で、保育者と保護者の共通する点と異なる点を考え、書いてみましょう。

4．今後の「保育者」の在り方

「反省的実践家」である保育者

「保育者とは」でも述述した通り、保育者が携わる保育または（幼児）教育という営みは、子ども達へ単に「何かを教える」ことや「技術を身に付けさせる」ということに止まるものではなく、広い意味では「人間に成る（人間形成）」ための学び・活動に対する支援・援助・助長といった関わり全般を指すものです。同時に、「保育者」としての資格を得て保育現場に立った後も、より良い関わりや保育の在り方を常に模索しながら、まさに「学び続ける保育者」として携わることが大切です。

　　参照箇所
　　○保育所保育指針：第1章 総則　3 保育の計画及び評価　（4）保育内容等の評価　ア 保育士等の自己評価

例えば、新しい保育所保育指針では、上記の通り保育士をはじめとした職員の自己評価や自己研鑽の重要性と必要性が、改めて強調して定められました。また、先の保育所保育指針（平成20年告示）同様、「職員の資質向上」が章として定められています（新しい保育所保育指針では第5章）。このような自己評価や資質向上のための研修の実施についての規定は、子どもに対する関わりがそれぞれの施設においてより良いもの（保育の質の向上）となるよう位置付けているわけですが、さらに保育者一人ひとりに対しては「反省的（省察的）実践家」としての保育者の在り方を求めてきているのです。

　　ワーク4　保育の現場に立つ際に、今の自分に「できること（知っていること）」「できないこと（分からないこと）」等を箇条書きで挙げ、今後の自分自身の課題を<u>系統立てて</u>整理してみましょう。

引用・参考文献
乙訓稔編著『幼稚園と小学校の教育―初等教育の原理―』東信堂、2011年
小櫃智子・矢藤誠慈郎編著『保育教職実践演習 これまでの学びと保育者への歩み 幼稚園 保育所編』わかば社、2014年
白石崇人『幼児教育の理論とその応用② 保育者の専門性とは何か〔改訂版〕』社会評論社、2015年
林邦雄・谷田貝公昭監修、大沢裕編著『教育原理 （保育者養成シリーズ）』一藝社、2012年

（八木浩雄）

子どもの福祉 ―子どもの福祉の考え方と子どもの福祉の今日的課題―

学習した日　　月　　日

1. 子どもの福祉の考え方

子どもの福祉の授業で学ぶこと

　子どもの福祉は保育士養成課程において「児童家庭福祉（子ども家庭福祉）」という科目名で呼ばれています。「児童家庭福祉」では、主に子どもと子育て家庭に関する福祉政策及び制度について、その成り立ちや社会情勢、具体的内容などを学習する授業です。具体的には「児童家庭福祉」の理念、歴史的変遷、子どもの権利、関連法律、行財政、実施体系などを学習します。

　この章では「児童家庭福祉」の導入として「子どもの福祉」をどう捉えるか、「子どもの福祉」から「児童家庭福祉」と呼ばれるようになった背景、「児童家庭福祉」の基本理念、今日的課題を学びます。

子どもの福祉とは

　子どもの福祉とは社会福祉を構成する一つの分野であるため、まず社会福祉とは何か理解することが必要です。社会福祉の定義については諸説あるため明確な定義について説明することができませんが、法律上では憲法第25条（表1）において国民の「健康で文化的な最低限度の生活」を保障するために社会福祉の向上及び増進を努めなければならないものと明記されています。憲法での規定を論拠とするならば、社会福祉とは国民の「健康で文化的な最低限度の生活」を保障するものと捉えることができます。

　　憲法第25条　すべて国民は、健康で文化的な最低限度の生活を営む権利を有する。
　　2　国は、すべての生活部面について、社会福祉、社会保障及び公衆衛生の向上及び増進に努めなけ
　　ればならない。

　次に子どもの福祉（児童福祉）の対象である「子ども」をどのように捉えるかが必要です。「子ども」は「大人」と対比的に捉えることが多く、子どもの福祉に関連する法律では「大人」と「子ども」との境界を年齢で定められています。対象年齢は法によって異なりますが、子どもの福祉の基本法である「児童福祉法」では児童を満18歳未満、「民法」での未成年は満20歳未満であり、その他の法律でも18歳前後までの年齢を対象としていることが多いです。また、国際連合の「児童の権利に関する条約」では「子ども」の定義を満18歳未満としています。また、子どもの「健康で文化的な最低限度の生活」をどのような方策で保障するのか捉えることも必要です。原則的に子どもの養育は保護者によって行われますが、子どもの「健康で文化的な最低限度の生活」を保護者の自助努力だけで維持することは困難です。そのため、子どもの「健康で文化的な最低限度の生活」を保障するために国や市町村が公的責任において政策・制度を整備し、子育て家庭を支援することなどが求められています。

　したがって、子どもの福祉とは概ね18歳までの者とその家族に対する「健康で文化的な最低限度の生活」を保障するための政策・制度や具体的実践と捉えることができます。

　ワーク1　我が国で「健康で文化的な最低限度の生活」とはどの程度の生活なのか？　自分の考えを記述しましょう。

児童福祉から児童家庭福祉へ

近年、子どもの福祉は「児童家庭福祉」と呼ばれ、保育士養成校の教科においても平成23年度の保育士養成課程の改正によって「児童福祉」から「児童家庭福祉」に名称変更されています。それでは、どうして「児童家庭福祉」の名称を使用することになったのか？ 使用のきっかけは平成2年の全国社会福祉協議会の児童家庭福祉懇談会がまとめた報告書「あらたな『児童家庭福祉』の推進をめざして」で「児童家庭福祉」の言葉が用いられたことです。この報告者では「児童家庭福祉」という新たな名称を使用することになった理由を以下のように述べています。

まず、これまでの子ども本人への支援を中心とした「児童福祉」の支援体制では、子どもを持つ家族への支援が不十分であることを述べています。具体的には、家族支援において社会福祉の基本理念である「健康で文化的な最低限度の生活」の経済保障だけに止まり、文化的、健康的な側面での支援体制が十分配慮されていないことを指摘しています。そのため、子どもを持つ家族を対象とした支援対策の確立と推進が提言されています。

さらに、報告書では、子どもにとって健全な成長の基盤が家庭であることが強調されており、子どもと家族の共同体である家庭を含めた「児童家庭福祉」の視点から支援体制を整え「健康で文化的な家庭機能」の充実を図る必要性を述べています。これらの報告書の提言により、それ以降、従来の子どもを中心とした支援体制である「児童福祉」という名称から、子どもだけでなくその家庭への支援体制を包括した「児童家庭福祉」という名称に転換しています。

> ワーク2　「子ども」にとって「家庭」とはどのような場所なのか？ 自身の経験などを通して考えましょう。

子どもの最善の利益

子どもの福祉に関する基本法である児童福祉法は、2017年の改正により第一条の条文が「全て児童は、児童の権利に関する条約の精神にのつとり、適切に養育されること、その生活を保障されること、愛され、保護されること、その心身の健やかな成長及び発達並びにその自立が図られることその他の福祉を等しく保障される権利を有する」とされました。その条文では「～児童の権利に関する条約の精神にのっとり～」と「児童の権利に関する条約」を法律上の規範とする内容が述べられています。

「児童の権利に関する条約」は1989年に国連によって採択されました。この条約の特徴は、「子どもの最善の利益」を基本理念として、社会が未熟な存在である子どもに対して保護する責任を持つという子どもの受動的権利だけでなく、子どもの「意見表明」「思想・良心の自由」などの能動的権利の保障の必要性を述べていることです。国際連合に加盟している日本は「児童の権利に関する条約」を批准しなければなりません。したがって、「児童の権利に関する条約」の基本理念である「子どもの最善の利益」は、我が国の児童福祉法を含めた子どもに関する法律や政策・制度に反映されています。

> ワーク3　「子どもの最善の利益」とはどのようなことでしょうか？ 子どもへの援助を想定して考えてみましょう。

2. 子どもの福祉の今日的課題

近年、保育制度や社会的養護の代表的な問題である「待機児童」と「児童虐待」について考えてみましょう。

待機児童

待機児童とは、認可保育所に入所の申し込みをして、かつ認可保育所の入所要件に該当しているもので、現に保育所に入所していない児童のことです。2018年には潜在待機児童を含めた新しい待機児童の定義が発表される予定です。現在、全国の待機児童数は厚生労働省による2016年の「保育所等関連状況とりまとめ」によると23,553人となっており、認可保育所設置数及び定員数の増加などによってピーク時よりも減少傾向にあるものの、依然として多くの待機児童が存在しています。

待機児童の傾向として、厚生労働省の2016年の「保育所等関連状況とりまとめ」の調査では、首都圏（埼玉、千葉、東京、神奈川）、近畿圏（京都、大阪、兵庫）の7都府県とその他の政令指定都市・中核都市で、全待機児童の74.3%を占めており都市部に集中していることが特徴です。また、待機児童の86.3%が満3歳未満の子どもであることも大きな特徴です。待機児童の対策は、2008年の「新待機児童ゼロ作戦」による認可保育所の入所児童の受け入れ数の増加、2015年の「子ども・子育て支援新制度」による幼保連携型認定こども園を中心とした幼保一元化の推進などが行われています。

ワーク4　なぜ、待機児童が都市部に集中し、満3歳未満の子どもに多いのか？　考えてみましょう。

児童虐待

児童虐待は「児童虐待の防止等に関する法律」において「身体的虐待」「性的虐待」「ネグレクト」「心理的虐待」の4つに分類され定義されています。厚生労働省による2016年の「児童相談所での児童虐待相談対応件数」の調査では、児童虐待相談件数が122,578件と1990年の調査の120倍まで増えています。また、4つの虐待の種類のうち最も多いものは「心理的虐待」であり、児童の前で配偶者に対して暴力を振るう（面前DV）の事案による警察からの通告の増加によるものと報告されています。

児童虐待への対策としては、被虐待児などの要保護児童を発見した際の児童相談所への通告の義務化、効果的な支援を行うために児童相談所、教育機関、医療機関、警察などで構成される要保護児童対策地域協議会の市町村単位での設置などが実施されています。

ワーク5　なぜ、「児童虐待」の相談件数が急増しているのか？　考えてみましょう。

引用・参考文献

柏女霊峰「子ども家庭福祉論」誠信書房、2010年

厚生労働省「保育所等関連状況取りまとめ（平成28年4月1日）」2016年

厚生労働省「平成28年度　児童相談所での児童虐待相談対応件数（速報値）」2017年

林 邦雄・谷田貝公昭監修、髙玉和子編著『児童家庭福祉論』一藝社、2010年

松田茂樹・汐見和恵・品田知美・末盛慶「揺らぐ子育て基盤 少子化社会の現状と困難」勁草書房、2010年

社会福祉士養成講座編集委員会編「新社会福祉士養成校座15　児童や家庭に対する支援と児童・家庭福祉制―児童福祉論」中央法規出版、2010年

全国社会福祉協議会児童家庭福祉懇談会「あらたな『児童家庭福祉』の推進をめざして」全国社会福祉協議会、1989年

（千葉弘明）

子どもの保健

1. 子どもの保健のねらい

　児童憲章には「すべての児童は、心身ともに、健やかにうまれ、育てられ、その生活を保障される」とあります。また、保育所保育指針第3章　健康及び安全では「子どもの健康及び安全の確保は、子どもの生命の保持と健やかな生活の基本であり、一人一人の子どもの健康の保持及び増進並びに安全の確保とともに、保育所全体における健康及び安全の確保に努めることが重要となる。」と記載されています。「子どもの保健」では子どもの発達、発育、栄養、よく見られる病気と事故、病気の予防と保健指導、子どもの生活、環境と育児、子どもの保健行政など多岐にわたり学ぶことで、子どもの健康を守り、増進させ、健全な発育を保障することをねらいとしています。

2. 子どもの身体・生理機能・運動機能についての発達・発育について

　乳幼児の発育評価の基準値として、厚生労働省「乳幼児身体発育調査」があり、2012（平成24）年度からの母子手帳にはこの調査（2010年）による乳幼児身体発育曲線が掲載されています。また、発育の特徴としては「上から下へ」「中心から末端へ」という方向性・順序性があります。そのため、脳の容器としての頭蓋は早い発達を遂げるので、身体の他の部分に比べて頭部が大きい乳幼児期の体つきはこの時期の特徴といえます。脳・神経系の発育は乳幼児期に急速な発育を遂げ、脳重量は幼児期の間に成人のほぼ80％にまで達します。

　また、生理機能も乳幼児期に大きく発達します。心筋の未熟さや胸郭を形成する筋肉・横隔膜の働きが未発達のため成人と比べ、新生児では心拍数140拍／分、呼吸回数40〜50回／分と多くなっています。

　新生児の身体運動の大部分は反射運動ですが、乳児期になると運動機能の発達は「上から下へ」「中心から末端へ」という方向性・順序性に従い、大きな筋肉を使用した、荒く調和のとれない粗大運動から手足の細かい筋肉を使った、なめらかで合目的な微細運動ができるようになります。しかし、発達の程度には個人差が多く見られます。

粗大運動の発達の様子

生後1カ月　　首がすわる　　ねがえり　　おすわり　　はいはい　　ひとり立ち歩行

出典：アカイク "http://akachanikuji.com" を基に作成

　同様に視覚・聴覚・味覚・臭覚そして皮膚感覚も発達してきます。これら感覚機能の発達が知的発達に大きくかかわっていきます。

ワーク1　新生児の反射運動について調べてみましょう。

3. 子どもの病気

　健康な子どもの体温、呼吸、脈拍、発育、発達などの正常な範囲を知り、子どもの日常の様子を観察することで子どもの病的な状態を把握することができます。特に体温は子どもの体調の異常を知るための重要な徴候といえます。体温を測るときには、個人差、時間帯、測定部位などでも差異が出てしまうため測定条件を同じにすることが重要です。また、顔色や食欲、排尿と排便、睡眠などにも、いつもと違いがあるのかが観察のポイントとなります。

　子どもの病気の中で、り患頻度が高いのは感染症です。感染症とはウイルスや細菌などの病原体が人の皮膚や粘膜表面から人の体内に侵入して病気を引き起こすものです。また、人から人へとうつっていく感染症は伝染病と呼ばれ、その発生を防止するために伝染病予防法が制定され、患者の届け出、隔離治療、消毒の方法などが規定されています。平成24年には2012年改訂版「保育所における感染症対策ガイドライン」が厚生労働省からだされ、このガイドラインに基づき、感染症対策を行っています。感染症の予防として、予防接種があります。予防接種法は1948（昭和23）年に制定されてから医学的、社会的状況などの変化を踏まえ、幾度かの改正が行われています。

表　0歳の予防接種推奨スケジュール

ワクチン		出生直後	6週	2ヵ月	3ヵ月	4ヵ月	5ヵ月	6ヵ月	7ヵ月	8ヵ月	9ヵ月〜11ヵ月
Hib（ヒブ）　定期　不活化				❶	❷	❸					
小児用肺炎球菌　定期　不活化				❶	❷	❸					
B型肝炎　定期　不活化				❶	❷				❸		
ロタウィルス　任意　生	1価			❶	❷		※生後24週まで				
	5価					❸	※生後32週まで				
4種混合　定期　不活化					❶	❷			❸		
BCG　定期　生								❶			

　定期接種の推奨期間　　定期接種の摂取可能な期間　　任意接種の推奨期間　　任意接種の摂取可能な期間

出典：ワクチンネット　公益社団法人日本小児科学会「日本小児科学会が推奨する予防接種スケジュール」より一部改変

　近年、アレルギー疾患の子どもが増えています。アレルギーとは抗原抗体反応が生体に不利に働く場合を言います。原因物質（アレルゲン）には塵、ダニ、花粉、動物の毛のほかにも卵、牛乳、小麦などの食物抗原があり、食物アレルギーで重症な場合はアナフィラキシーを起こすこともあります。これらのアレルギー疾患は増加が著しく、発症の低年齢化も見られるようになりました。食物アレルギーについては保育所でアレルギー対応マニュアル等が作られ、誤提供、誤食の防止に向けて取り組みがなされています。

ワーク2　感染症にはどのような病名がありますか。症状と合わせて調べてみましょう。

4. 事故と安全管理

　乳幼児はいろいろなことに興味や関心を持ち、探索活動も盛んになります。そのため、このことが事故につながるきっかけになると考えられます。乳幼児の事故原因で最も多いのは「不慮の事故」ですが、実際の子どもに関する事故を見ると偶然性は少なく、必ず原因があり、事故を起こすきっかけがあります。では、事故を未然に防ぐにはどのようにしたら良いのでしょう。保育の現場では、過去に起きた事故の原因や状況を十分に検証し解明することにより、同様なことがないように職員間で共通理解することが必要となります。そのため、事故報告書やヒヤリ・ハットなどを記録・活用することで事故防止に役立てていくことが大切です。事故の発生しやすい場所や時期、時間などを知るとともに、子どもの特性を十分に理解して環境を整え、安全管理を行うことが事故防止には不可欠です。しかし、事故の発生を怖がり、必要以上に危険を取り除いてしまうことは子どもにとって危険予知能力や社会性が育つことを妨げてしまうことにもなります。そこで子ども自身が危険予知能力を獲得し、危険を回避できるよう、日常生活の中で危険について知らせていく「安全教育」を行うことが大切となります。

ワーク3　「安全教育」とはどのようなことでしょうか。あなたの考えたことを書いてみましょう。

5. 母子保健対策と保育

　母子保健対策では、母子保健法、児童福祉法などに基づき、乳幼児の定期検診や健康診断・歯科検診などを行っています。特に乳児の定期検診は市区町村が実施主体となり、1カ月から1歳6カ月までの、体と心の成長が大きく変化する時期に合わせて行われています。また、保育所などでは年2回の健康診断や歯科検診を実施することが定められています。保育所、保健所が連携し、子どもの健康を促進するための活動を行っています。

引用・参考文献

今井七重編『演習子どもの保健Ⅱ』（新時代の保育双書）みらい、2017年

厚生労働省　『平成23年度版　厚生労働白書』

厚生労働省『保育所保育指針』　平成29年告示　フレーベル館、2017年8月30日

服部右子・大森正英編『図解子どもの保健Ⅰ第2版』（新時代の保育双書）みらい、2017年

林　邦雄・谷田貝公昭監修、加部一彦編著『子どもの保健Ⅰ』（保育者養成シリーズ）一藝社、2014年

林　邦雄・谷田貝公昭監修、宮島祐編『子どもの保健Ⅱ』（保育者養成シリーズ）一藝社、2016年

（長谷川直子）

子どもの文化 —「遊び文化」の学びとは—

1. 子どもの文化

　今やすっかり忘れかけているでしょうが、子ども心に楽しくキラキラと輝いていた幼い頃を思い出してください。家族との旅行や団らんのほかに、その多くはきょうだいや友だちと、そして一人で夢中になって遊んだことが記憶の中にあるはずです。

　子どもは、一日の生活の中で多くの時間を遊んで過ごします。その遊びそのものの中から生まれ、培（つちか）われてきた特有の文化が、子どもの文化なのです。子どもの頃、鬼ごっこやごっこ遊び、どろんこ遊び、草花の色水遊び、花いちもんめ、などをしたことでしょう。これらは遊びを中心とした子ども自身の創造的活動です。これとは別に大人の手助けがあって成り立つ遊びもあります。絵本や紙芝居、児童文学、お話、人形劇、玩具、パネルシアターなどです。こうした大人が子どものために創造した文化財も、子どもの文化です。また、児童館や児童公園、博物館、動物園などの子どもの文化施設や、地域・団体などで子どもが参加・体験できるさまざまな文化活動も、それに含まれます。

　このように子どもの文化とは、子ども自身の遊びから生まれるものでありながら、大人が創り出した文化財に刺激され、さらに子どもたちの手で新たに工夫し発展させていくものです。子どもと大人が一緒につくり上げて楽しみつつ、次代に伝えていくという温（ぬく）もりのある大切な文化とも言えるでしょう。

2. 子どもの文化の学び

　子どもの文化の学びとは、冒頭で問いかけた幼い頃の気持ちを思い起こすことから始まります。誰もが毎日さまざまな遊びをしていたことでしょう。その遊びの一つひとつが今の皆さんの心や身体をつくり上げてきたのです。保育者が子どもの心に寄り添える近道は、子どもたちの遊びを面白がり、一緒に楽しさを共有できる心を持つことです。

　その際に大事なことは、子どもを未熟なものとして助けるのではなく、同じ一人の人間として尊重し、足らない面を支えていくことです。そのためにも、子どもの文化について学ぶことが必要となります。子どもたちにとっての文化的環境が豊かになればなるほど、子どもたちの心身も豊かになっていきます。保育者は遊びと文化財の引き出しをたくさんつくり、いつでも子どもの求めに応じて取り出せるように準備し、提供しましょう。そして、今の子どもたちが経験していることを、子どもたち自身の手で年が下の子どもたちにつないでいけるような橋渡しの役目を果たしてほしいと思います。

　こうした子どもの文化を学ぶ科目として、「子ども文化論」、「児童文化」などの授業科目があります。また、「保育の表現技術（言語表現）」、「子どもと言葉」などでも、子どもの文化を学ぶことができます。

3. 子どもにとっての遊びとは

　遊びは、子どもにとって毎日の生活の中で欠かすことができない学びそのものであり、人格形成の基礎を培うものです。子どもたちは、遊びを通して、物や人に興味や関心を持ち、さまざまな発見や気づきを五感で確認し、経験した全てが心身の成長や発達につながっていきます。友だちと協力して一つの遊びに向かってやり遂げた時には、この上ない喜びを感じるものです。

　時には、考えの違いや物の取り合いなどで喧嘩をしますが、その後に譲り合ったり、仲直りをしたりするためのコミュニケーション方法も学ぶことでしょう。とはいえ、子どもたちは、何かを学ぶために遊ぶのではなく、楽しいから遊ぶのです。そして、夢中になって遊んでいるうちに心が満たされていくものです。

　例えば、砂遊びでは、友だちと協力してトンネルや水路を作ったり、草花や実などを使ってケーキを作ったりします。そうした行動の中に多くの大切な経験が含まれているのです。頑丈なトンネルを作るためには、砂と水

の量を調整して、砂をしっかりと固めないとうまくトンネルの穴を掘れないことが分かります。友だちと力を合わせて、大きな砂山を作り、お互い反対側からトンネルを掘り合い、貫通して相手の手を握ることができた時の喜びはひとしおでしょう。また、水を流すための水路もどんな風に掘ると水がスムーズに流れるのかを工夫したり、スコップの貸し借りから譲り方や順番というルールも学んだりすることができます。

ケーキ作りでは、自分がイメージしたものに仕上げるために色や形の違った葉っぱや実を工夫して飾り、小枝などをローソクに見立てるかもしれません。ケーキが出来上がったら、友だちに食べるふりをしてもらって「おいしいね」などと言われることに喜びを感じ、ますます張り切ることでしょう。

たくさん遊んだ後は、手をきれいに洗う大切さを学びます。このように砂遊びのトンネル作りやケーキ作り一つをとっても子どもに経験させたいことがたくさん詰まっているのです。

トンネル作りのように何かを作るという目的をもった遊びもありますが、心を解放して遊びのプロセスを楽しむといった遊びもあります。

谷川俊太郎作の『あな』という絵本のあらすじを紹介します。主人公のひろしは、何もすることがなかったので、穴を掘り始めます。色々な人が話しかけてきますが、黙々と穴を深く掘り続けます。その穴の中は、静かで土はいいにおいがしました。「これは、ぼくの穴だ」と思い、穴の中に座り込み、空を見上げました。その空は、いつもよりもっと青く、高く思えました。そして、穴から上がり、深く暗い穴をのぞき込み「これは僕の穴だ」ともう一度思い、ゆっくりと埋め戻しました、というお話です。

ひろしは、納得するまで穴を掘り、納得するまで穴に座り、そして、満足したからこそ、穴を埋めようと思えたのでしょう。このように遊びとは、大人から無意味に思えることであっても、あくまでも子どもの「やってみたい」「遊びたい」という思いからするものなのです。そうすると、遊び終えた後も、子どもの気持ちが充実して満たされたものになるのです。

> ワーク1　子どもの頃に楽しかった遊びはどのような遊びでしたか。幼い頃に戻り、心に残っている遊びを思い出し書き出してみましょう。そして、周りの人と伝え合ってみましょう。

4．保育の中の子どもの文化と伝承について

現在の子どもたちは、身近な年齢の異なる子どもたちと一緒に遊び、花いちもんめやコマ回しなどの伝承遊びを教わり、下の子どもたちに伝えていくことがほとんどなくなりました。しかし、幼稚園や保育所では、年長児から下の学年の子どもたちに受け継いでいくことができます。年少の子どもたちは、年長児の遊び方や遊びのルールを見よう見まねであったり、一緒に参加したりして覚えていきます。このように年長児が遊びを伝えていくためには、まず、保育者が遊びの伝承者になることです。子どもたちの遊びの環境を整え、たくさんの遊びを覚えておく必要があります。

また、園の中で使われる文化財は、保育教材として欠かせないものです。代表的なものに、絵本、紙芝居、素話、手遊び、お話、折り紙、わらべうた、絵描き歌、あやとり、人形劇、影絵、ペープサート、パネルシアター、手袋シアターなどがあります。さらに、日本の文化である年中行事や記念日も園生活を通して経験させてほしいと思います。これらの文化活動が子どもたちにとって、心から楽しめて、魅力あるものになるように、保育者が文化財を生かした面白さを伝えていきましょう。そのためには、いい文化財を選び、準備をして、子どもたちに提供することが大切です。保育者になるために、授業の中でこれからの伝承遊びや文化財、年中行事、子どもの文化の歴史、玩具について扱います。これから出会う子どもたちのために、楽しく学んで大いに実践してください。

ワーク2　子どもの頃に好きだった絵本やお話、手遊び、などを覚えていますか。どのような題名でしたか。覚えているものを書いてみましょう。

子どもたちに伝えていきたい昔話絵本

　昔話は、後世に残す大事な文化財ですが、語り継がれる機会が少なくなりました。しかし、絵本によって子どもたちに伝えていくことができます。例えば、イギリスの昔話「三びきのこぶた」は、オオカミに1、2番目のこぶたが食べられ、3番目のこぶたがオオカミを食べるというあらすじです。しかし、昔話絵本の多くは、1、2番目のこぶたが3番目のこぶたの家に逃げ込み、最後にオオカミがやけどをするという話になっています。これは、大人が子どものために残酷だと思われる内容を書き直してしまったのです。昔話は、生きる上でさまざまな困難に遭う登場人物に自分を重ねながら乗り越えていくものです。そして、他の命をもらって生きているということを知ることで「命の大切さ」を子どもたちに伝える必要もあります。

　昔話絵本は、再話者（昔話を子ども向けに分かりやすく書き直した人）によってあらすじや表現の違いがあります。同じ題名の昔話絵本であっても、数冊手にとって読み、その違いを自分の目で確かめてから選択するように心がけましょう。

ワーク3　あなたが知っている「三びきのこぶた」はどのようなあらすじでしたか。覚えているあらすじを書いてみましょう。

引用・参考文献
小川清美編『演習児童文化保育内容としての実践と展開』萌文書林、2016年
小澤昔ばなし研究所『Web 子どもと昔話』"第19回「三匹のこぶた」からのメッセージ" http://www.ozawa-folktale.com/ (2017.11.18 最終アクセス)
川勝泰介・浅岡靖央・生駒幸子編著『ことばと表現力を育む児童文化』萌文書林、2013年
谷川俊太郎著『あな』福音館書店、1983年
林 邦雄・谷田貝公昭監修、村越晃・今井田道子・小菅知三編著『子ども学講座2　子どもと文化』一藝社、2010年
松本峰雄編著『保育における子ども文化』わかば社、2014年
皆川美恵子・武田京子編著『新版児童文化』ななみ書房、2016年

（大﨑利紀子）

乳児保育

1. 乳児保育とは

　一般的には産休明け児から3歳未満児までの子どもの保育を、乳児保育と呼んでいます。この時期は人間形成の基礎を培う重要な時期です。子どもの成長・発達についての理解を深め、一人ひとりの健やかな育ちを保障するために必要な配慮や援助の方法、子どもとのかかわり方について学んでいきます。

乳児保育の歴史

　1947年に公布された「児童福祉法」により保育所は児童福祉施設の一つとして位置付けられました。しかし、子どもは3歳まで家庭で育てた方が良いという「3歳児神話」により、0～1歳児に対しての保育所入所は進みませんでした。1965年には「保育所保育指針」が通知され、生後6カ月から1歳3カ月未満児の発達過程をふまえた保育内容が記載されました。さらに特別保育対策の一環として1969年に厚生省は「保育所における乳児保育対策の強化について」という児童家庭局長通知をだし、乳児保育充実のための物的・人的条件整備を行いました。その後、さまざまな見直しや条件整備が行われ、2017年告示された「保育所保育指針」では乳児（0歳）と1歳以上3歳未満児に分けそれぞれの保育のねらいや内容についての記述を充実させ、乳児保育の質を向上させるための留意点や配慮点についても詳しく記載するなど、乳児保育の充実を掲げています。

　　ワーク1　あなたは3歳児神話についてどのように考えますか？

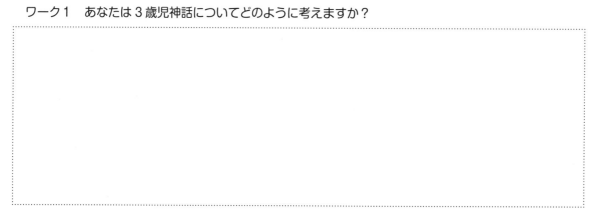

2. 乳児期の特徴

　この時期は人間の一生のうちでもっとも心と体が成長・発達する時期です。同時に成長や発達の個人差が大きく、未熟な時期でもあります。生後1年間で体重は出産時の約3倍、身長は約1.5倍になり、身体機能は首がすわらない状態から歩行が可能となり、手が自由に使えるようになります。内臓機能も母乳（ミルク）しか消化吸収できなかったのが、1歳6カ月ごろにはほぼ成人と同じ食物を食べられるようになります。その反面、病気への抵抗力が弱く、心身機能が未熟なため、乳幼児突然死症候群（SIDS）の発症や感染症等の病気にかかりやすいといえます。

　乳児期に大人との愛着や信頼関係の基盤を作ることが人として生きていく上でとても重要なことです。エリクソン（Erikson.E.H 1902～1994）は「人間の生涯発達の中で人生最初の発達課題は、乳幼児期に基本的信頼感を獲得することだ」と述べています。特定の大人から繰り返し、応答性に満ちた適切な世話を受けることで、自分の存在を肯定的に捉え、人への信頼感を育てていきます。このことが生涯を通じた発達の基礎となるのです。ボウルビィ（John Bowlby 1907～1990）は乳児が特定の大人（主に母親、または主なる養育者）に抱く、温かく、親密な関係性にある情緒的なきずなを「愛着」（アタッチメント）と呼びました。そして、特定の大人を自分の安全基地として愛着関係を育み、それをもとに人との関係を広げ、言葉を獲得することで他とのコミュニケーションの基礎を築いていくのです。

ワーク2　ボウルビィの「愛着行動の発達段階」について調べてみましょう。

3. 乳児保育の実際

　乳児保育では24時間の生活リズムを視野に入れて保育を行います。保育所だけ、家庭だけというのではなく24時間のサイクルで子どもの生活を考え、家庭と連携を取りながら子どもが規則正しいリズムで生活できるよう援助していきます。

　また、子どもにとって安全で安定した保育環境を築くことも大切です。特に室内環境では事故防止の対策だけではなく、子どもが落ち着いて安心して生活できるよう音や採光、室温、湿度、換気、清潔などにも配慮し、子どもの立場で保育室環境を考えていく姿勢が必要となります。人的環境も乳児期の保育ではとても重要な役割といえます。保育所保育指針第2章1(3)「イ　一人一人の子どもの生育歴の違いに留意しつつ、欲求を適切に満たし、特定の保育士が応答的に関わるように努めること」と記述されています。特定の保育士との関わりを通して信頼関係の基礎となる愛着関係を育むことが求められるからです。そのため、子どもに対して愛情を持って接し、寄り添い、応答的に関わっていくことが必要となります。また、0～3歳の時期は自我が芽生え、人格形成の基となる自己が育っていく時期でもあります。子どもの中に「自分で」の気持ちが強くなり、母親や保育士の援助に対して嫌がったり、反抗したりする場面が見られるようになります。この自我の芽生えや自己主張を大切にし、子どもが十分に自己を表現できるよう見守り受け入れながら、子ども自身が周囲の状況を理解し、自己コントロールする力を身に着けられるよう援助することが重要です。自己を十分に受け止めてもらえたことが「自分は自分でいいのだ」という自己肯定感につながっていきます。子どもの自己主張や自己中心性に、困っている母親には「自己が育つための大切な過程」であることを伝え、母親のストレスを軽減できるような保護者支援も重要になってきます。

　これらのことを考慮しながら保育の計画を立案していきます。乳児期の保育の計画は成長・発達が個人によって大きく異なるため、一人ひとりの成長や発達に応じて個別の計画を立てます。指導計画では日々の子どもの様子を観察し、遊びを通して、子どもたちの年齢に応じた発達を促すための活動や生活リズムの確立、生活習慣の自立に向けてのさまざまな配慮点を考慮しながら立案し、保育の計画を作成します。子どもの姿に対して見通しを持ち、作成した保育の計画に対し実践を行なうなかで反省・振り返りを行うことは自分の立てた保育の計画を客観的に評価し、それを次の保育の計画作成に生かしていくために必要なことです。

4. 乳児保育の現状と課題

　近年、女性の社会進出がすすみ、子どもを保育所にあずけて、働く女性が増えています。そのため、待機児童の問題が社会でも大きく取り上げられています。

表1　年齢区分別の保育所等利用児童の割合（保育所等利用率）

	平成28年4月	平成27年4月
3歳未満児（0～2歳）	975,056人（32.4%）	920,840人（29.7%）
うち0歳児	137,107人（14.2%）	127,562人（12.5%）
うち1・2歳児	837,949人（41.4%）	793,278人（38.1%）
3歳以上児	1,483,551人（47.0%）	1,452,774人（46.0%）
全年齢児計	2,458,607人（39.9%）	2,373,614人（37.9%）

保育所等利用率：当該年齢の保育所等利用児童数÷当該年齢の就学前児童数

表2 年齢区分別の利用児童数・待機児童数

	28年利用児童	29年待機児童
低年齢児（0〜2歳）	975,056人（39.7%）	20,446人（86.8%）
うち0歳児	137,107人（5.6%）	3,688人（15.7%）
うち1・2歳児	837,949人（34.1%）	16,758人（71.1%）
3歳以上児	1,483,551人（60.3%）	3,107人（13.2%）
全年齢児計	2,458,607人（100%）	23,553人（100%）

注：利用児童数は、全体（幼稚園型認定こども園等、地域型保育事業等を含む）。
出典：表1、2ともに厚生労働省「保育所等関連状況取りまとめ」平成28年4月1日

　表1でもわかるように平成28年度では保育所等利用児童の3歳未満児は32.4%、中でも1、2歳児は41.1%となっています。しかし、入所できる人数が多くないために表2でもわかるように年齢区分別の待機児童数では低年齢児が全体の86.8%を占め、そのうち、1、2歳児については（16,758人〈71.1%〉）となっています。これらの待機児童を解消するために子ども子育て支援新制度により、地域型保育事業や地域での子育て支援が行われています。保育所でも母親の育児不安や虐待防止のために施設開放や、一時保育、延長保育などのサービスを行っています。これらのサービスを利用しているのは主に0歳〜3歳未満児であることから、保育の質や子どもへの影響に対して、多くの課題があるといえます。

　　ワーク3　地域の子育て支援について調べてみましょう。

引用・参考文献
厚生労働省『保育所保育指針 平成29年告示』フレーベル館、2017年8月30日
汐見稔幸・小西行郎・榊原洋一編著『乳児保育の基本』フレーベル館、2011年
乳児保育研究会編『改訂4 資料でわかる乳児の保育新時代』ひとなる書房、2015年
林邦雄・谷田貝公昭監修、中野由美子・高橋弥生編著『乳児保育』（保育者養成シリーズ）一藝社、2016年
松本峰雄監修、池田りな・才郷眞弓・土屋由・堀科著『乳児保育演習ブック』（よくわかる！保育士エクササイズ）ミネルヴァ書房、2016年

（長谷川直子）

障害児保育 ―一人ひとりが大切にされる保育―

1. 障害児保育の風景

一緒にいると楽しいね ―あいちゃん（肢体不自由）と一緒に―

　あいちゃんは年中の時に保育所に入所しました。生まれつき肢体不自由という障害を持っています。脳の機能の障害がありお話はできませんが、人が大好きで表情豊かな女の子です。あいちゃんは保育所に週2日通っています。他の日は、児童発達支援センター（障害のある子どもを対象とした福祉施設）を利用しています。あいちゃんの所属するクラスの担任の保育士と担当（加配保育士）は、週2日のあいちゃんの保育所生活が楽しいものになるよう、お母さんの思いや願いをしっかり聴き、2人で力を合わせて、あいちゃんに必要な支援をしながら、クラスのみんなと一緒に活動できるような保育の工夫をしていきました。また、児童発達支援センターとも連携し、あいちゃんの障害の状態に合わせた支援方法について勉強し、保育の環境をどのように準備したらよいか一生懸命考えました。様々な工夫や専用のサポートグッズを作成しましたが、その中で保育士と友達で作った「友達カード」が一番のあいちゃんのお気に入りでした。クラスの友達の写真と名前と好きな食べ物とキャラクターが一人ずつ書いてあるカードです。

　あいちゃんは2年間保育所に通い、たくさんの友達ができました。卒所後、あいちゃんは特別支援学校に通うことになりましたが、今でも、保育所時代の友達とあいちゃんの交流が続いています。

子どもと共に育つ先生 ―まことくん（自閉症スペクトラム障害）との出会い―

　卓也先生は短大を卒業して1年目に保育所の加配保育士として働くことになりました。担当する子どもは、自閉症スペクトラムという障害のあるまことくんでした。まことくんは、コミュニケーションすることが難しく、わけもなく泣き出したりパニックになったりします。みんなと一緒に活動することも苦手でした。卓也先生は、まことくんの行動をどう理解したらよいか、自分に何ができるかなど、戸惑いと葛藤の日々が続きました。何もできない自分を責めることもありましたが、少しずつ保育所に慣れていく姿や好きな遊びをしている時のまことくんの笑顔に励まされることもありました。また、まことくんの子育てに奮闘するお母さんとのかかわりを通して、保育士としてまことくんに何ができるか考えるようになりました。クラス担任や主任保育士に相談したり、障害児保育の書籍を読んだり、勉強会などにも積極的に参加しました。まことくんのお母さんから家庭の様子を聴き、まことくんの理解を深めてきました。まことくんがみんなと一緒に活動ができない時は、まことくんのそばで一緒に過ごしました。日課は、ジャングルジムのてっぺんで一緒に空を見上げることでした。そこから見える景色の中にまことくんの心の声があるのではないかと一生懸命考えました。こうした日々を積み重ね、少しずつ、まことくんの見つめる世界や、感じている気持ちがわかるようになりました。そして、卓也先生はまことくんの心の声の代弁者となり、一番の理解者になりました。まことくんにとっても大好きな先生になり、その後、まことくんはたくさんの成長を見せてくれました。

多様な子どもたちが育つ保育の場

　あいちゃんやまことくんのように障害のある子どもたちも、幼稚園や保育所に通い、先生や友達とかかわりながら成長しています。障害の診断のある子どもは、保護者の希望があれば、「加配保育士」をつけることができます。加配保育士は障害のある子どもへの支援だけでなく、クラスの子どもたちとのかかわりを支えていく役割があります。幼稚園や保育所には、障害のある子どもだけでなく、外国籍の子ども、家庭の事情で精神的に不安定な子ども、虐待が疑われる子ども、障害の診断はないけれど発達の遅れや心配がある子ども等も通っています。

　このように保育という場は、多様な子どもたちが育つ場であり、一人ひとりを大切にする保育の実現を目指すことが大切です。多様な子どもたちが育つ場において、障害児保育の知識・技術の習得はすべての保育者に必要になるといえるでしょう。

ワーク 1　保育園にはどのような障害のある子どもが通っているでしょうか。「肢体不自由」「自閉症スペクトラム障害」以外の障害について、調べて書き出しましょう。

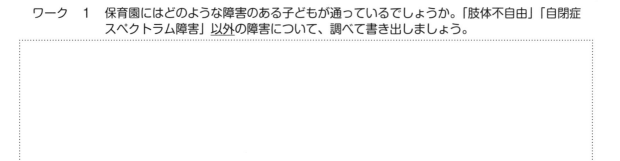

2．理解からはじまる支援

障害児保育では、一人ひとりの子どもを大切にした保育が必要です。ここでは一人の子どもを理解することの大切さについて学びましょう。

子どもをありのままに理解する

障害の診断を有している子どもは、その子の持っている障害の特性を理解することも大切ですが、一番重要なのは、障害だけを観るのではなく、○○ちゃんという一人の子どもとしてまなざしを向けることです。その子どもをまるごと受け容れ、ありのままのその子として理解することが必要です。

障害を理解する

その子が抱えている障害の特性を理解しておくこと（「障害理解」）も必要です。障害を理解するためには、あいちゃんやまことくんの先生のように、担当した子どもの障害を理解するために、家族から話を聴いたり、本を読んだり、調べたり、勉強をすることも大切になるでしょう。

子どもを取りまく環境を理解する

園全体の環境、クラスの環境（物的環境だけでなく担任の理解や友人関係）、地域社会の環境を含め、その子の育つ環境すべてを理解することが大切になります。卓也先生はまことくんの母親から家庭の様子を聴いたりすることで理解を深めました。あいちゃんの先生たちは、母親との連携に加え、子どもが通っている児童発達支援センターとの連携を実現させ、あいちゃんの生活全体を把握した上で、保育に取り組みました。

行為の意味を理解する

子どもの行為は心の表現です。子どもは様々な行為を通して大人に心の発信をします。障害のある子どもの行動は、自分の意志や思いをうまく相手に伝えられないことが多く、表面的にみれば「困った行動」として捉えられる事がしばしばあるでしょう。日々子育てに奮闘している家族は、その行動にふりまわされることが多く、子育ての悩みの種になったりします。幼稚園・保育所等の集団生活の場でも同様なことがあり、保育者がどのように対応したらよいか戸惑うこともあります。しかし、子ども側からすれば、自分の「心」を表現し、大人側に訴えているのです。子どもの行為自体に深い意味を持っているのです。その行為の意味を子どもの立場になって解釈すること、子どもの心の表現と理解し、そこにまなざしを向けることが大切です。卓也先生は、日々の保育に奮闘しながら、まことくんの行為の意味を理解していきました。まこくんの感じている世界を一緒に感じながら、まことくんの心の代弁者として、まことくんと周囲の環境をつなぐ役割をしました。

障害のある子どもを理解することは容易ではないことの方が多いかもしれません。しかし、正しい理解がないと、子どもが必要としている支援ができない可能性があります。子どもとかかわっている保育中だけでなく、保育が終わった後にみえてくることもあります。子どもとの具体的なかかわりや保育後の省察を通して、丁寧に理解を深めてほしいと思います。

3. 障害児保育の理解を深めるために

　保育の場では多様な子どもたちが育ち、そこには、あいちゃんやまことくんの先生たちのような保育者の姿があります。障害児保育の歴史をたどると、障害のある子どもが幼稚園や保育所に通えない時代もありました。現在では、障害児保育や特別支援教育の充実のために施策が整備され、多くの保育者の実践の積み重ねにより、方法論も確立されています。保育者をめざす人は、「障害児保育」の授業でくわしく学ぶことになります。教員をめざす人は「特別支援教育」や「障害児の心理」等の授業で障害のある子どもの理解と支援について学ぶことができます。ワークでは障害児保育の理解を深めるために、3つのことについて考えてみましょう。

> ワーク2　1. 障害児保育の風景で紹介したあいちゃんやまことくんの保育所を想像し、次のことについて考え、学ぶ仲間とディスカッションしてみましょう。
>
> ①障害のある子どもにとって保育所で育つことの意義を考えてみましょう。
> ②障害のない子どもにとって障害のある子どもと一緒に育つことの意義を考えてみましょう。
> ③障害のある子どもとの出会いが保育者に与える影響について考えてみましょう。

4. 一人ひとりを大切にした保育の実現のために

　冒頭で紹介した卓也先生は、保育士として20年のキャリアを積み重ねました。彼は、保育士1年目で出会うことのできたまことくんから学んだことを今も忘れていません。障害のある子どもを担当する加配保育士としての経験を通して学んだことは「一人の子どもと向き合うこと」です。卓也先生も障害のある子どもに出会うことを通して保育者として成長した一人でしょう。

　授業や実習だけでなく、文献を読んだり、ボランティア活動等の体験をしたり、主体的に学ぶことが大切です。学生時代に障害のある子どもや気になる子どもにたくさん出会ってほしいと願います。体験を積み重ねて学んだことは将来保育者になったとき、きっと役立つでしょう。

引用・参考文献

大場幸夫・柴崎正行編『障害児保育』（新・保育講座）ミネルヴァ書房、2001年

小山望・太田俊巳・加藤一成・河合高鋭編著『インクルーシブ保育っていいね～一人ひとりが大切にされる保育を目指して～』福村出版、2013年

加藤正仁・宮田広善監修、全国児童発達支援協議会編集『発達支援学その理論と実践～育ちが気になる子どもの子育て支援体系』協同医書出版社、2011年

久保山茂樹編著『特別支援教育ONEテーマブック④子どものありのままの姿を保護者とどうわかりあうか』学事出版、2014年

藤田久美　第9章「障害のある子ども」林邦雄、谷田貝公昭監修、高玉和子、高橋弥生編著『子ども学講座4、子どもと福祉』一藝社、2009年

藤田久美「発達障害と家族支援～」齋藤美磨、青木邦男、林隆、野口幸弘、松本耕二、藤田久美編著『発達障害の理解と支援』ふくろう出版、2009年

（藤田久美）

保育内容

1. 保育内容って何だろう

　皆さんは小学校に入学する前はどこかに通っていましたか。　小学校入学前の教育は保護者の就労や家庭環境などによって様々ですが、厚生労働省[1]によると5歳児では幼稚園就園率が55.1％、保育所入所率が43.4％で、未就園率は1.5％と、ほとんどの子どもはどこかの施設で保育を受けていることが分かります。

　就学前の子どもの教育・保育については、文部科学省から「幼稚園教育要領」、厚生労働省から「保育所保育指針」、内閣府から「幼保連携型認定こども園教育・保育要領」が告示され、基本原則や目的などが示されています。告示された文書の中では、それぞれ保育に当たる人を、幼稚園では「先生」、保育所では「保育士」、認定こども園では「保育教諭」と呼んでいますが、その他にはどんな違いがあるでしょうか。手に取って目を通してみましょう。

　生まれてから家庭で過ごしていた子どもが、初めて出会う社会の場が幼稚園や保育所になります。そこで初めての「先生」に出会うことになりますが、その初めての「先生」を目指す皆さんはこの章で幼稚園や保育所などで行う保育内容について学びましょう。「保育内容」に関しては、今後領域別に「保育内容（健康）」や「保育内容総論」などといった科目を通してさらに深く学んでいくことになります。

　保育は「養護」と「教育」が一体となって行われるとされています。
「保育所保育指針」によると、保育における「養護」とは子どもの生命の保持及び情緒の安定を図るための援助やかかわりで、「教育」とは子どもが健やかに成長し、その活動がより豊かに展開されるための発達の援助であるとされています。つまり、子どもが園の中でする望ましい経験とそれに対する保育者の指導・支援の中身などのことです。

　　ワーク1　「幼稚園教育要領」「保育所保育指針」「幼保連携型認定こども園教育・保育要領」を手に取っ
　　　　　　てみよう。違っているところ、同じところを探してみよう。

2. 領域について

　幼稚園・保育所・認定こども園では幼児教育を行う施設として「現在を最もよく生き、望ましい未来を作り出す力の基礎を培うために」養護と教育が一体となって保育が展開されますが、主に教育に関わる側面の視点から5つの目標が示され、これらを具現化したものが保育内容として5つの領域で示されています。

　各領域は幼児の発達の側面から、心身の健康に関する領域「健康」、人との関わりに関する領域「人間関係」、身近な環境との関わりに関する領域「環境」、言葉の獲得に関する領域「言葉」感性と表現に関する領域「表現」としてまとめられています。

　「領域」というなじみのない言葉ですが、これは小学校の「教科」とは違います。領域は、小学校の教科のように時間で区切られて実施されるカリキュラムとは違います。時間割に沿って教科書で学ぶというようなものではなく、遊びや生活を通して幼児が経験し、具体的な活動を通して総合的に指導されるものであり、幼児にとっては日常の遊びや生活が学びとなるのです。その遊びや生活の中で各領域に示されたねらいが達成できるように、保育者が適切に関わり援助して子どもの経験を意味あるものにしていく、そのための視点として理解していきましょう。

　では、「幼稚園教育要領」からそれぞれの領域について見てみましょう。どの領域にも3つの「ねらい」と8〜13の「内容」が示されています。

①心身の健康に関する領域「健康」では、生活に必要な基本的な習慣や態度を養い、心身の健康の基礎を培うことを目標としています。よって、「健康な心と体を育て、自ら健康で安全な生活を作り出す力を養う。」として次のねらいが示されています。(1)明るく伸び伸びと行動し、充実感を味わう。(2)自分の体を十分に動かし、進んで運動しようとする。(3)健康、安全な生活に必要な習慣や態度を身に付け、見通しを持って行動する。

②人との関わりに関する領域「人間関係」では、人との関わりの中で、人に対する愛情や信頼感、人権、規範意

識など心を育てるとともに、自主、自立、協調の態度を培うことを目標としています。よって、「他の人々と親しみ、支えあって生活するために、自立心を育て、人と関わる力を養う。」として(1)幼稚園生活を楽しみ、自分の力で行動することの充実感を味わう。(2)身近な人と親しみ、関わりを深め、工夫したり協力したりして一緒に活動する楽しさを味わい、愛情や信頼感をもつ。(3)社会生活における望ましい習慣や態度を身につける。というねらいが示されています。

③身近な環境との関わりに関する領域「環境」では、自分の周囲の環境（ひと・もの・こと）つまり、社会や自然の事象に対して興味や関心をもって関わりながら、豊かな心情や思考力を培うことを目標にしています。よって、「周囲の様々な環境に好奇心を持って関わり、それらを生活に取り入れていこうとする力を養う。」として(1)身近な環境に親しみ、自然と触れ合う中で様々な事象に興味や関心をもつ。(2)身近な環境に自分からか関わり、発見を楽しんだり、考えたりし、それを生活に取り入れようとする。(3)身近な事象を見たり、考えたり、扱ったりする中で、物の性質や数量、文字などに対する感覚を豊かにする。というねらいが示されています。

④言葉の獲得に関する領域「言葉」は「経験したことや考えたことなどを自分なりの言葉で表現し、相手の話す言葉を聞こうとする意欲や態度を育て、言葉に対する感覚や言葉で表現する力を養う。」ことを目標にして次のねらいが示されています。(1)自分の気持ちを言葉で表現する楽しさを味わう。(2)人の言葉や話などをよく聞き、自分の経験したことや考えたことを話し、伝えあう喜びを味わう。(3)日常生活に必要な言葉が分かるようになるとともに、絵本や物語などに親しみ、言葉に対する感覚を豊かにし、先生や友達と心を通わせる。

⑤感性と表現に関する領域「表現」では様々な体験の中で「感じたことや考えたことを自分なりに表現することを通して、豊かな感性や表現する力を養い、創造性を豊かにする。」ことを目標とし、(1)いろいろなものの美しさなどに対する豊かな感性を持つ。(2)感じたことや考えたことを自分なりに表現して楽しむ。(3)生活の中でイメージを豊かにし、様々な表現を楽しむ。というねらいが示されています。

3.「総合的に」とはどういうことでしょう

　幼稚園教育要領では「各領域に示すねらいは、幼稚園における生活の全体を通じ、幼児が様々な体験を積み重ねる中で相互に関連をもちながら次第に達成に向かうものであること、内容は幼児が環境に関わって展開する具体的な活動を通して総合的に指導されるものであることに留意されなければならない。」とあります。
　以下の事例から、考えてみましょう。

> 事例　砂場での遊び
> ５歳児の男児、カズキ・タクヤ・ユウト・ハルキ・リョウの５人が砂場で遊んでいる。
> カズキ、タクヤ、ユウトが大きなスコップで一緒に穴を掘っている。「海にしようか」「ダムにしようよ」など相談しながら、力いっぱい掘った砂をすくっている。カズキが「だれか水を汲んできて」と言うと、タクヤは「わかった、じゃあいっぱい掘ってね」と言いおいて両手にバケツを持って水を汲みに行く。リョウはハルキの近くにあったバケツを指さし「このバケツ使っていい？」と聞いて、ハルキが「いいよ」と言うと嬉しそうにバケツを持ってタクヤについて行く。タクヤが穴に勢いよく水を注ぐと、水があふれて流れ出す。「たいへんだ、ここをもっと深くしよう。ユウトくんも手伝って」とカズキが穴にシャベルを入れる。少し離れたところで穴を掘っていたハルキが「ぼくの掘った穴につなげていいよ」と言ってタクヤたちの穴へつなげて水を流す。その様子を見ていたリョウが「やったぁ、川になったね」と手をたたく。

　ここで遊んでいる子どもたちはどのような経験をしているのでしょうか。5領域の「内容」から当てはまることを抜き出してみましょう。
　「健康」からは外の砂場で、大きなシャベルを使って力一杯砂を掘ったり、両手で水の入ったバケツを運んできたりする姿から(2)いろいろな遊びの中で十分に体を動かす。(3)進んで戸外で遊ぶ。という経験をしているといえます。
　「人間関係」からは相談しながら遊びを進めて、作業を分担している様子から(8)友達と楽しく活動する中で、共通の目的を見いだし、工夫したり、協力したりなどする。という姿が見られます。

「環境」からは水があふれた時に慌てて穴を大きくしようとしたり、溝を掘って川にしたりする姿から子どもたちは水の量と穴の容積（深さや大きさ）との関連や、流れる様子などから(4)自然などの身近な事象に関心をもち、取り入れて遊ぶ。という経験をしているといえます。
　「言葉」からは遊びの中で言葉によるやり取りが盛んに行われていることから(3)したいこと、してほしいことを言葉で表現したり、わからないことを尋ねたりする。という経験をしているといえます。
　「表現」では最後のリョウの姿から(3)様々な出来事の中で、感動したことを伝えあう楽しさを味わう。という姿が見られました。
　このようにひとつの遊びの中にはたくさんの領域の内容が含まれています。保育者は、子どもたちの遊びの様子から一人一人の子どもたちが経験していることを読み取り、その活動がより豊かに展開されるように援助していきます。もちろん一度の遊びで領域に示されているねらいや内容が達成できるわけではありません。保育内容は総合的に継続的に指導されるものであるといえるのです。

　　ワーク2　次の事例で子どもが経験している保育内容を「幼稚園教育要領」をもとに、どの「領域」のどの「内容」に当てはまるか話し合ってみましょう。→正解はP.106

> 4歳児の女児が3人でアイドルごっこをして遊んでいる。A児は折り紙でリボンを作って頭や服に飾り付け、B児は「先生、あくしゅの『しゅ』ってどうやって書くの？」と聞きながら握手会のポスターを作ろうとしている。C児は音楽に合わせて振付を工夫して踊っている。

4．平成29年の改訂（改定）から

　「幼稚園教育要領」・「保育所保育指針」・「幼保連携型認定こども園教育・保育要領」は平成29年に改訂されました。新しく「遊びや生活を通して生涯にわたる生きる力の基礎を育むため次に掲げる資質・能力を一体的に育む」として以下の3つの項目を加えました。
　豊かな体験を通じて、感じたり、気付いたり、分かったり、できるようになったりする「知識及び技能の基礎」。気付いたことやできるようになったことなどを使い、考えたり、試したり、工夫したり、表現したりする「思考力、判断力、表現力の基礎」。心情、意欲、態度が育つ中で、よりよい生活を営もうとする「学びに向かう力、人間性等」です。
　そして具体的に「幼児期の終わりまでに育ってほしい姿」として以下の10項目が示されました。
(1)健康な心と体　(2)自立心　(3)協同性　(4)道徳性・規範意識の芽生え　(5)社会生活とのかかわり　(6)思考力の芽生え　(7)自然との関わり・生命尊重　(8)数量や図形、標識や文字などへの興味・関心　(9)言葉による伝え合い　(10)豊かな感性と表現です。

　　ワーク3　上記の「幼児期の終わりまでに育ってほしい姿」10項目は5領域とどのような部分で関連するか話し合ってみましょう。

引用・参考文献
[1)] 厚生労働省　社会保障審議会児童部会保育専門委員会（第2回）　平成28年1月7日　資料2保育をめぐる現状
『保育所保育指針　厚生労働省告示第117号』フレーベル館、2017年
『幼稚園教育要領　文部科学省告示第62号』フレーベル館、2017年
谷田貝公昭・石橋哲成監修、大沢裕編著『コンパクト版保育内容シリーズ　言葉』一藝社、2018年
谷田貝公昭・石橋哲成監修、大沢裕・髙橋弥生編著『コンパクト版保育者養成シリーズ　保育内容総論』一藝社、2017年

（古金悦子）

教職概論 ―進みつつある教師のみ教える権利あり―

1. 教職概論とは

　教職を志望する人は、養成校で教職課程を履修し、教員免許状を取得しなければなりません。その教職に関する科目の第一に「教職の意義等に関する科目」（２単位必修）があります。養成校によっては、この科目は「教職概論」「教職論」「教職入門」「教師論」として開講されています。詳細の内容は、みなさんが学ぶ講義・科目「教職概論」に委ねますが、ここでは教師の専門職としての導入的事柄についてふれておきます。

>　ワーク１　これまでにどのような保育者・先生・教師と出会いましたか。いちばん心に残っている保育者・先生・教師はどのような人でしたか。発表し合ってみましょう。

　「教職」をめざす皆さんは、「教職概論」という講義を学びます。この教職は、教育関係の「職」、すなわち「教育職」を意味する概念です。教職は、「教員」「教育職員」とほぼ同義であり、教育活動に直接従事する教諭の職名を包括する職業を指し示すものです。そして、とくに学校で教育活動に直接従事する「教師」という職業が、一般に社会的な「教職」を示すものです。

　では、「教師」とはどのような職業をいうのでしょうか。それは、基本的に学校の「教員」を意味しますが、教師の類似語には、「先生」「教育職員」「教諭」等の言葉が存在し、それぞれ微妙に意味内容が異なります。「先生を目指す」皆さんにとっては、学校教員という職業へのあこがれや就職希望を意味しますが、社会一般では政治家、弁護士、医師等の各分野の専門家等を対象として使用される敬称でもあります。

　「教員」は、先生や教師よりも使用される範囲は限定されますが、学校（学校教育法第１条）という教育関係機関において、他人に何かを指導することを職務とする職員を指し示します。具体的には、幼稚園、小学校、中学校、高等学校、中等教育学校、大学、高等専門学校、特別支援学校という学校の教育機関に所属する者を指し示します。つまり、「教員」とは学校制度として確立している各教育機関で教育活動を行う教育職員のことであり、教員免許状（文部科学省）をもって意図的な教育活動に専門に従事する公職者を意味するものです。

　このように、「教師」は学校制度的には「教員」「教育職員」等の用語でも代用可能ですが、教師が専門職であるかぎり、人間的な条件や人格的なかかわりをもって学習者としての子どもをよりよく導く「師」という語を含む「教師」には深い意味をもつ事実があります。それは、「教師」とは学校組織に所属する「職員」というよりも、教育を担う「職業人」に力点が置かれることを意味します。学校の教員が「教師」と呼ばれる理由の一つは、やはり他の職業とは次元の異なる尊い「聖なる」価値観を含んでいるからです。したがって、教育史上、教育実践や幼児教育に献身した人物であるペスタロッチー（J.H.Pestalozzi 1746～1827）やフレーベル（F.Fröbel 1782～1852）が「教聖」「聖職」として慕われる歴史的教師理解がなされることも興味深いことです。「人格の完成をめざし」て行われるべき教育を担う教師にとって、成長しつつある学習者としての子どもを教育愛をもって愛し、人格をもつかけがえのない一人の人間として尊重することは、絶対的な要件です。教師には、子どもの尊厳と価値を尊重し、その人権を守り、よい教育を実現しようとする意志、意欲、態度が求められます。

2. 教師の適性とは

　では、教師になろうとする者には、どのような適性が求められるのでしょう。
　適性とは、「特定の職業・学習・芸術活動などを、効果的に遂行して、その成果をあげることができる諸能力（感覚的機能、知的能力、社会的適応能力、体力など）が、特定の訓練を受け経験をつむ前から、個人的に潜在的に具わっているものと考えられるもの」とされています。ただし、現時点での潜在的諸能力だけではなく、意欲、関心、興味など将来の展開を指向する諸側面をも含めてとらえることも必要です。

ワーク2　"教師を目指す人のための適性チェックリスト"です。自分が「そうである」と判断したら、チェック☑を入れてください。

- ☐ ① 体が健康である。
- ☐ ② 心も健康である。
- ☐ ③ 子ども（ひと）が好きである
- ☐ ④ 感性をもっている。
  *感性とは、価値あるものに気づく感性。一人ひとりの個性に気づき、それを生かせるように（教育的）配慮ができる。
- ☐ ⑤ 遊び心をもっている。
- ☐ ⑥ いつも心を開いて、どんな異質な人とも話せ、会話を楽しめる。
- ☐ ⑦ どんな社会的地位の高い人でも、遠慮なく、対等な立場に立って自分の意見をはっきりと述べられる。
- ☐ ⑧ 子どもたちから教えられ、自己成長できる。
- ☐ ⑨ 常に謙虚さをもち、自分を見つめなおせる
- ☐ ⑩ 夢をもち、プラス思考ができる。

チェック合計数＿＿＿＿＿個

3．教職の魅力

「師は人なり」「教育は人なり」、すなわち「教育は教師次第」といわれますが、教育のあり方と教師の存在は相即不離の関係にあります。教育の重要性を指摘すればするほど、教師の果たす役割の大きさが注目され、教師への期待も高まります。

さて、教職に就こうとする皆さんは、教職そのものへの魅力・あこがれはもちろんのこと、子ども・人が好きであること、人を育てることへのやりがい、教育が果たす社会的役割の大きさやその重要性を考慮しての職業選択ではないでしょうか。教育は次の世代を育て次の時代をつくり、子ども・人を育て未来を創る仕事です。また、私たち個々の教職への魅力・あこがれは実に多様であるという点こそが教職のもつ魅力でもあります。「教育は100年の計」とよく言われますが、いい成果・結果がすぐに出ないのも教育の難しさです。「難きが故に尊い」教師の大変さや困難さも教職という仕事の魅力を象徴しているといえます。毎年、教育実習を終えて大学に戻ってきた教育実習生が、「教師の仕事がこんなに大変だとは思わなかった」と口を揃えていいます。しかし、それ以上に、他の職業では味わえない醍醐味があります。だからこそ、教師は一生の仕事とする価値あるものです。

4．教師に求められる資質能力

現在、教師に求められている資質能力は、「いつの時代も教員に求められる資質能力」と「今後特に教員に求められる具体的資質能力」に大きく分けられます。前者は「教師にふさわしい態度」「豊かな人間性・社会性」「教科や教職に関する専門的知識・実践的指導力」という3つの柱によって構成され、とくに教師は一人の人間として備えるべき資質能力でもある「豊かな人間性・社会性」が残る2つの資質能力の基盤となっています。また、教師にとっては、教育愛や忍耐、信頼、自己規律、感情移入能力などは「豊かな人間性・社会性」を支えるより根源的な基盤でもあり、それらが一人の人間としての徳である「豊かな人間性」を身につけることになります。

「今後特に教員に求められる具体的資質能力」としては知識基盤型社会、情報化社会、グローバル化などに対応する資質能力が挙げられますが、さらなる時代の変化にともない、環境問題や自然災害、職業教育など、今後これまで以上に多様なニーズに応ずる資質能力を身につけることが要請されると予想されます。

教員に必要な資質能力はたくさんありますが、総合すると、次の3点に特に求められていると考えます。

（1）教師の仕事に対する強い情熱があること

教師の仕事に対する使命感や誇りをもち、子どもに対する愛情があり、子どもの教育への責任感などをもっていること。仕事への誇りや子どもへの愛情と責任感はいつの時代でも大切な資質であり、教師の根幹をなすものです。

（2）教育の専門家としての確かな力量があること

さまざまな子どもたちを教え導く教師の仕事は情熱だけではできません。教科指導力に加え、一人ひとりの子

どもを理解する力が必要です。そして、幼児・児童・生徒の指導力、集団指導の力、学級づくりの力など「集団を指導する力」が必要となります。

（3）総合的な人間力があること

教師である前に一人の大人・社会人として「豊かな人間性・社会性」をもっていることはとても重要です。常識と教養、礼儀作法をはじめ対人関係能力を身につけた教師でありたいものです。そして、それは子どもたちにとって、内面的な輝きをもつ「魅力的な教師」になることであり、保護者や地域の人たちからも慕われ信頼される教師になりましょう。

ワーク3　子どもたちにとっていわゆる「よい教師」とはどのような教師のことですか。あなたの考えを述べましょう。

図　教員に求められる資質能力

── いつの時代にも求められる資質能力 ──
- 教育者としての使命感
- 人間の成長・発達についての深い理解
- 幼児・児童・生徒に対する教育的愛情
- 教科等に関する専門的知識
- 広く豊かな教養

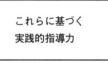
これらに基づく実践的指導力

── 今後特に求められる資質能力 ──

①地球的視野に立って行動するための資質能力
- 地球、国家、人間等に関する適切な理解
  例：地球観、国家観、人間観、個人と地球や国家の関係についての適切な理解、社会・集団における規範意識
- 豊かな人間性
  例：人間尊重・人権尊重の精神、男女平等の精神、思いやりの心、ボランティア精神
- 国際社会で必要とされる基本的な資質能力
  例：考え方や立場の相違を受容し多様な価値観を尊重する態度、国際社会に貢献する態度、自国や地域の歴史・文化を理解し尊重する態度

②変化の時代を生きる社会人に求められる資質能力
- 課題探究能力に関するもの
  例：個性、感性、創造力、応用力、論理的思考力、課題解決能力、継続的な自己教育力
- 人間関係に関わる資質能力
  例：社会性、対人関係能力、コミュニケーション能力、ネットワーキング能力

- 社会の変化に適応するための知識及び技能
  例：自己表現能力（外国語のコミュニケーション能力を含む。）、ディア・リテラシー、基礎的なコンピュータ活用能力

③教員の職務から必然的に求められる資質能力
- 幼児・児童・生徒や教育のあり方についての適切な理解
  例：幼児・児童・生徒観、教育観（国家における教育の役割についての理解を含む。）
- 教職に対する愛着、誇り、一体感
  例：教職に対する情熱・使命感、子どもに対する責任感や興味・関心
- 教科指導、生徒指導などのための知識、技能および態度
  例：教職の意義や教員の役割に関する正確な知識、子どもの個性や課題解決能力を生かす能力、処理できる能力、地域・家庭との円滑な関係を構築できる能力

○教師の仕事に対する強い情熱
　教師の仕事に対する使命感や誇り、子どもに対する愛情や責任感など

○教育の専門家としての確かな力量
　子ども理解力、児童・生徒指導力、集団指導の力、学級づくりの力など

○総合的な人間力
　豊かな人間性や社会性、常識と教養、礼儀作法をはじめ人間関係能力など

出典：教育職員養成審議会「新たな時代に向けた教員養成の改善方策について」1997年・中央教育審議会答申「教職生活の全体を通じた教員の資質能力の総合的な向上方策について」2012年を基に筆者作成。

引用・参考文献

秋田喜代美・佐藤学編著『新しい時代の教職入門』有斐閣、2008年

新井保幸・江口勇治編著『教職シリーズ1　教職論』培風館、2010年

小原國芳『小原國芳全集ペスタロッチを慕いて・教師道』玉川学園出版部、1979年

佐藤晴雄『教職概論〔第4次改訂版〕』学陽書房、2015年

田中智志・橋本美保監修、高橋勝編著『新・教職課程シリーズ　教職概論』一藝社、2014年

（中島朋紀）

教育原理　−教育ってなんだろう−

1．教育原理ってどんな科目？

教育原理は難しい科目なの？

　保育の分野をはじめて学ぶ人は、保育と教育という言葉が入り交じっていることに戸惑いを覚えるかもしれません。詳しい区別は置くとして、保育という言葉が基本的に乳幼児を対象にした働きかけであるのに対して、教育は、新生児期、乳幼児期から老年期まですべての範囲をカバーする広い言葉です。世間のどこにでも見られる「教える」という行為、それはすべて教育なのです。ただし、教育という文字を見てもわかるように、ただ教えれば良いというものではなく、教えられた者がきちんと育つという面がなければなりません。教えかつ育つという、このとても広い範囲を学ぶ科目が教育原理です。決して難しい科目ではありません。

　原理という言葉で、つまずく人もいるかもしれません。原理とは「物事の成り立つ仕組み」ということです。つまり、教育原理というのは、教育という働きがどのような仕組みによって成り立つのか、その根本、全く基礎のところから学んでいく科目です。教育原理では、皆さんが教育とは何かを基礎のところから知り、そのことを通じて教育的なものの見方、考え方ができるようになる、ということが目標となります。

　例を上げてみましょう。幼児が友達間でトラブルを起こし、腹を立てて、友達に石を投げたとします。「それをしてはいけない」と注意することなら、誰でもできます。保育者として必要なのは、ただ単に注意すること、いけないことだと叱るだけではなく、このトラブルを通じて、子どもをどう育てていけば良いのか、どういう方策を講ずれば、一番望ましくその子どもが育つのかを冷静に考え、その方策を実際に実行することです。

教育の理論と実践

　教育原理は、理論を学ぶ授業です。子どもに働きかけるときにどうすれば良いか、その根本的な指針、判断力を学ぶ科目なのです。例えば、「叱る」とき、きつく叱ればよいというわけではありません。その子の性格に合せた注意の仕方をしなければなりません。なぜそうしてはいけないのか、してはいけない理由を明確に説明することが必要です。もし注意するなら、後でではなく、その場でしなければなりません。叱る場合には、子どものその後にどういった影響があるのかを、考慮せねばなりません。さらに言えば、子どもがそうした行為に走った経緯を知らないと、子どもにとって納得できる説明・注意にはなりません。それと同時に保育者は、周りの子どものことも考慮する必要があります。つまり、「叱る」という行為を単に切り取って考えるのではなく、教育の方策全体から考える必要があります。「教育原理」は、教育者の行動（実践）の具体的な指示をする授業ではありませんが、教育をするときの考え方、教育者としての姿勢を教える科目なのです。

　　ワーク1　これまで自分が受けた教育の中で一番印象に残っていることを振り返り、まとめましょう。

2. どんなことを学ぶのか

授業で登場する言葉

　授業では、教育や保育だけではなく、それに伴う色々な言葉が出てきます。子ども、乳幼児、児童、生徒、教員や教師、学習、指導、授業、目的・目標・ねらい、教育の内容（カリキュラム）、教育方法、学校、家庭、社会、教室、成績・評価などが出てきます。さらには、指導案、教育委員会、文部科学省、就学、賞罰、幼稚園教育要領、学習指導要領といった言葉も出てきます。ここに挙げた言葉がそれぞれ、どのような意味内容を持っているか、把握する必要があります。言葉の意味を正確に知っていないと教師として活動することができないからです。単に知識としてこれらを知っているだけでは、十分ではありません。その意味するところをきちんと把握する必要があります。

教育の歴史

　わが国、また世界の中で、過去には様々な教育家が偉大な教育の思想を打ち立てました。人類の宝とも言えるこうした知恵を学ぶことも授業の中身になります。教育史として観れば、ソクラテス、プラトン、アリストテレスは、教育思想の起点です。中世を経て、近世に向かい、ルソー、ペスタロッチー、フレーベルらが旧来の教育観を根本から覆しました。20世紀近くでは、デューイ、モンテッソーリなどが著名です。わが国では近世に、貝原益軒、広瀬淡窓らが活躍し、江戸末期には吉田松陰が松下村塾を開いたことはよく知られています。保育の世界では、大正から昭和初期にかけて、倉橋惣三がリーダー的役割を果たしました。これらの多くの教育家の思想を学ぶことによって、私たちは、多様にしてしっかりとした教育的なものの見方・考え方ができるようになります。

　学校制度として、義務教育の歴史は案外新しい。そんなことも学ばなければなりません。意外に思われるかもしれませんが、私立学校も、公的な教育の一環を担っています。しかし、私立学校と公立学校で行われる教育のあり方、その立ち位置は全く同じではありません。例えば、私立学校では宗教教育を行うことは可能ですが、公立学校では、宗教教育をしてはいけないことが教育基本法の中に明記されています。

　また、今日は様々な教育課題が山積しています。市民のモラルの低下、体罰、虐待、情報化社会の加速化、異文化間の衝突、国際紛争、環境問題、子どもの貧困、教育格差といった様々な問題があります。教育的視点から、これらの課題に対してどのような姿勢をとれば良いか、それを学んでいかねばなりません。これらの課題はすぐには解決できないかもしれませんが、教育者にとっては無縁ではありえない問題です。

　　ワーク２　見聞きしたことのあるニュースの中で、教育の話題を一つ選び、それに対する自分の意見をまとめてみましょう。

3．教育原理って、なぜ学ばなければならないの？

教育の核心

　教育という行いについて根本的に学ばなければならないのは、教育者が子どもの素質を最善な形で花開かせるよう支援しなければならないからです。もし、教育というのを非常に浮ついたものとして捉えてしまうと、その教育者から教育を受ける子どもは、不幸以外の何者でもなくなってしまいます。

　近年、情報機器の操作の巧みさ、語学力、自在に物事に対処できる姿勢などが求められています。しかしパソコンを自在に操り、英語で外国人と渡り合い、自身のために多くを稼ぎ出し、国益をももたらす人々、それが果たして、私たち、教育者になろうとする者が最終的に理想とする姿と言えるでしょうか。私たちは、悪意をもちながらパソコンを操作し、人を欺くために英語を駆使し、言葉巧みに人のものを横取りし、莫大な資産を築く能力を持つ人を知っています。

　知識、技術、意欲、思考力など、個々の部分の力の増加だけに目を向けると、とても大事な教育の核心を見失うことになります。その人の能力がどんなに発揮されたとしても、それが悪意に満ちた使われ方をすれば、世界を地獄に突き落とすかもしれません。人類の歴史は、私たちにそうした人々の姿を繰り返し、示してきました。

人間らしさを育む教育

　教育の最終的な目標は、動物とは共有しない人間独自の精神を尊重し、動物力を超えて、人間性を発揮すること、また、それを目指すことによって、良心、善意あふれる人々が安寧に暮らして行ける社会を築くことです。決して、金の亡者を養成することではありません。

　現在の日本の労働人口の約半分にあたる職種は、10年から20年後には人工知能・ロボットで代行可能になるという、衝撃的な試算が公開されました。もし、そうであるとすれば一つの固定的な価値にこだわることは、子どもの将来にとっても、幸せなことではありません。将来の社会がいかに変化しようとも、たくましくそれに立ち向かい、受け入れるべきものは受け入れ、あるいはまた毅然とした態度をとって、その社会の中で生き抜くことのできる人間を育てることです。人間性といっても、単に「優しさ」だけだと思ってはいけません。教育原理は、全体としての人間性を育てるための視点を、根本から学ぶ科目です。

　　ワーク3　人間らしさを育む教育とは、具体的にどのようなものでしょうか。

引用・参考文献

乙訓稔編『幼稚園と小学校の教育―初等教育の原理―』東信堂、2011年

林邦雄・谷田貝公昭監修、中野由美子・大沢裕編著『子どもと教育（子ども学講座5）』一藝社、2009年

原聡介編集代表『教職用語辞典』一藝社、2008年

ペスタロッチ　長田新訳『隠者の夕暮・シュタンツだより』岩波書店、1982年

林邦雄監修、谷田貝公昭責任編集『図解 子ども事典』一藝社、2004年

（大沢　裕）

発達心理学　―乳幼児の発達を中心に―

1．運動機能の発達

　発達心理学では、人間の一生における身心の変化とその法則性を学びます。ここでは発達の時期を乳幼児期に絞り、運動機能、認知・思考、感情・自己、ことば、社会性といった5つの領域がどのように発達していくかを簡単に示しています。保育実践において子どもの発達過程を理解していることはきわめて大切です。発達心理学の授業でしっかり学びましょう。

　赤ちゃんは、生まれたばかりの時期は腕も足も床にべたっとついた形であまり動かないように見えます。手もぎゅっと握られていて何かを掴むこともできません。1か月、2か月と経つにつれて盛んに手足を動かすようになったり、首がすわったり、やがて寝返りをするようになったりします。1歳を過ぎるあたりからはひとり歩きをするようになります。最初はよちよちと、やがてしっかりと歩けるようになり、長い時間散歩もできるようになります。手の器用さも同様に瞬く間に増していきます。ものを掴んだり、つまんだり、やがてはペンを持ってなぐり描きもできるようになります。そのうち箸を使ったり、自分で衣服を着替えたりすることも可能になり、身の回りのことを自分でできるようになります。

　子どもは乳幼児期にどんどんと運動機能を発達させていきます。皆さんはまず子どもたちがどのような時期にどのようなことができるようになっていくのかをしっかりと理解することが大切です。その際に忘れてはならないのは発達は個人差が大きいということです。この運動機能の発達に限らず、言葉の発達や思考の発達なども同様です。発達が少し早かったり遅かったりで一喜一憂する必要はないのです。おおらかな気持ちで子どもたちの発達を見守りましょう。

> ワーク1　幼児期に運動をすることが、自信、意欲、仲間関係などにどのように影響を及ぼすか考えて書き出してみましょう。
>
>

2．認知・思考の発達

　当たり前のことですが、生まれたばかりの赤ちゃんは、自分の身の回りのものがどんなものであるかはわかりません。それが次第にどんなものであるかを理解していきます。赤ちゃんが身の回りの物を少しずつ認識していく時期をピアジェは「感覚運動期」と名付けました。この時期は感覚器官を使いながら外界のものを知っていきます。またなめたり、叩いたりといった運動的なかかわりも重要です。乳児期の時期には赤ちゃんがいろいろなものを探索し、触れることができる機会を保障してあげることが大切です。また、赤ちゃんは思考力も発達させていきます。はじめは素朴な思考形式であったものが、次第に論理的な思考も可能となります。

　また、記憶能力の発達も重要です。特にエピソード記憶と呼ばれる出来事に関する記憶が発達すると、子どもたちは自分の経験したことを語るようになります。子どもたちが懸命に話そうとすることにしっかり耳を傾けましょう。

ワーク2　記憶の発達とあそびの関係について考えてみましょう。

3．感情・自己の発達

　生まれたばかりの赤ちゃんは充足と苦痛という感情を持っていると言われています。お腹が満たされ、快適な状態にいるときには充足という満足した気持ちでいます。また、お腹がすいたり、おむつがぬれたりして不快な状態にいるときには苦痛を感じています。そして大声で泣いたりします。さらに新生児の時期から赤ちゃんは興味という感情も持っているようです。興味を持った人や物をじっと見たりします。こうした原初的な感情はやがて喜び、悲しみなど複雑な感情に分化していきます。この分化には大人との豊かなかかわりが大切であると言われています。子どもたちは興味を抱く大人とたっぷりかかわることで多くの感情を発現させていくのです。また、感情の発達に大きくかかわるのは自己の発達です。自己が誕生し、自己意識が発達するにつれ、照れや羨望などさらに複雑な感情が生じてきます。子どもたちは自己を発達させる過程で、第一反抗期と呼ばれる時期を過ごします。大人が言うことに対して何でもイヤと言ったりして反抗することもあります。

　子どもの自己主張と自己抑制はバランスよく発達することが望ましいと考えられています。大人たちは時には子どもたちの気持ちを素直に表すことができるように配慮することも重要ですし、時には行き過ぎた自己表現を抑えることも大切です。つまり多少甘やかすことと躾もきちんとすることとのバランスが必要なのです。

ワーク3　第一反抗期の子どもにどのような姿勢でかかわるとよいか考えてみましょう。

4．ことばの発達

　子どもたちは意味のあることば（初語）を話し始める前から、周囲の大人たちとコミュニケーションをとっていると言われています。このいわゆる前言語コミュニケーションは、三項関係が特に重要です。つまり自分と大人と物との関係を同時に認識することです。この三項関係が後に言語獲得の基盤となるのです。子どもたちは最初は一語文といって、一語でいろいろな意味を表します。大人は子どもたちが意図することをくみ取り、足りない部分を言葉で補うようにすることが大切です。上手に話すことができるようになったら子どもの話すことをしっかり聞きましょう。大人がじっくり聞くことで子どもたちはたくさん話したいという気持ちを育てていくのです

　ことばの発達で大きな役割を果たすものが絵本です。適切な時期に適切な絵本を読み聞かせましょう。その際に、絵本だけ渡して子どもを放っておいてはいけません。大人と子どもが1冊の絵本を一緒に共有しながらコミュニケーションをしっかりとることが大切なのです。

ワーク4　年齢ごとに子どもたちにふさわしい絵本は何か、絵本のタイトルをあげてみましょう。

0歳児

1歳児

2歳児

3歳児

4歳児

5歳児

5．社会性の発達

　子どもは生まれつき人に対して興味をもって生まれてくるといわれています。人に対して生まれつきの志向性を持って生まれてくる赤ちゃんですが、乳児期には愛着の形成が重要であると言えます。母親をはじめとする主たる養育者との愛着は、その後の社会性の発達の基盤となります。安定した愛着が形成できるような状況を作ることが必要です。

　この愛着を基盤として子どもたちは親以外の大人との関係や、友達との仲間関係を築いていきます。幼稚園や保育所で一緒に過ごす仲間たちといっぱいかかわることが社会性を伸ばしていく際に極めて重要なのです。子どもたちは、「ごっこ遊び」を通して、仲間との協調性や社会的な役割などを身につけることができます。また、「鬼ごっこ」のようなルールのある遊びを通して、仲間と一緒にルールを守って遊ぶことの楽しさを体験することができます。

ワーク5　「ごっこ遊び」や「鬼ごっこ」のように、子どもたちの社会性を育てる遊びをいくつか挙げてみましょう。また、その遊びを通して、社会性のどのような点が促進されるかについても考えてみましょう。

引用・参考文献

岡本依子・菅野幸恵・塚田 - 城みちる著『エピソードで学ぶ　乳幼児の発達心理学』新曜社、2004年

越智幸一編著『発達心理学』大学図書出版、2016年

鯨岡峻・鯨岡和子『保育を支える発達心理学』ミネルヴァ書房、2001年

乳幼児保育研究会編著『発達がわかれば子どもが見える』ぎょうせい、2009年

無藤隆・岡本祐子・大坪治彦編『よくわかる発達心理学第2版』ミネルヴァ書房、2009年

谷田貝公昭監修、大沢裕編著『幼児理解』一藝社、2017年

（越智幸一）

カリキュラム論　―豊かな経験と望ましい成長のために―

1. 教育・保育カリキュラムの特徴

　幼稚園や保育所、認定こども園や児童福祉施設では、乳幼児が家庭を離れて、ほかの子ども達や保育者らと日々を過ごしています。子どもを保護し育てることは家庭でも行われますが、集団生活の中で「保育」を行う保育施設では、家庭の保育と明確な違いがあります。それは、そこでの生活がカリキュラムに基づいていることです。
　カリキュラム（curriculum）は、ラテン語のクレレ（currere）が語源で、意味は走るコース、歩んできた道ということです。つまり、幼稚園や保育所等で入園から終了までの道のりを見通して、発達の方向性を示し、どの時期にどのような経験をするとよいか、その内容を配列したものなのです。カリキュラムの訳語として、教育課程・保育課程という用語もあり同じ意味で使われています。カリキュラム論は一般的な科目名称ではなく「教育課程論」等という名称で授業があります。
　この授業の学びの目標は、乳幼児の教育や保育に携わる者として、カリキュラムの必要性やカリキュラム作成の基本について学ぶことです。
　カリキュラムの編成は、学校教育法、学校教育施行規則、幼稚園教育要領、保育所保育指針、幼保連携型認定こども園教育・保育要領などで法的に義務付けられています。

①乳幼児の発達のために
　乳幼児期のカリキュラムは、「経験カリキュラム」と言われます。子どもは保育施設で遊びを中心とした生活の中で、さまざまな経験をしながら心身を発達させていくからです。乳幼児は運動機能や情緒、知的な力などが未分化ですが、その発達は順序性、方向性をもっています。だから、保育者はカリキュラムに沿って、健全な発達を促すための望ましい環境を整え、適切な経験を提供する必要があります。

②保育者の連携のために
　保育施設での乳幼児は、保護者ではない大人と過ごすことになります。担当の保育者は日々担当する乳幼児と接して子どもを理解できますが、実際には複数の保育者が子どもを見守り育てています。カリキュラムによって保育者同士が共通の方向性をもって子どもに接することは、子どもに安心感を与えることになり、いつもと変わらない生活ができますし、意欲的にのびのびと遊ぶことは子どもの成長につながっていきます。そのためにも保育者がカリキュラムを共有し、連携することが重要になります。

③保護者の理解のために
　幼い乳幼児を保育施設に預けるとき、保護者には期待と不安が入り混じっているでしょう。保護者の不安を安心に変えるために、あらかじめどんな保育をするのか、その園の理念や目的、保育内容をカリキュラムに明記して、入園時に理解と協力を得ることが大切です。保護者の不安は、子どもが敏感に感じ取ることが多いものです。カリキュラムは、保護者と保育者の理解と協力を図り、子どもの園での生活を充実させるためにあります。

2. 指導計画を立てるには

　カリキュラムを具現化するには、さらに期間によって具体的な指導計画を作成し、より良い保育の実践に活用する必要があります。

①指導計画の種類
　年間指導計画は、1年間を見通して保育目標を立て、季節、行事、地域性などを考慮して、子どもの生活の連続性、子どもの興味・関心、発達の実情に応じて立案します。
　年間指導計画を受けて、期案（1年間を2～4か月毎の期に分けたもの）には、その期の子どもの姿を想定し、具体的なねらいを設定していきます。そしてねらいを達成するための内容、環境設定、保育者の援助を明確にした指導計画が作成されることになります。さらに、月案、日案と期間を短くし、より子どもの実態に即した具体的な保育内容や保育者の支援を想定していきます。日々の保育は、曜日、天候、子どもの体調なども考慮して実

践していく必要があるからです。

②指導計画の基本的な考え方

　子どもは、自分の興味あることに自分から関わりながら成長していきます。しかし、すべてを子ども任せにしていては、発達に必要な経験ができずに望ましい成長につながらない場合もあります。そこで、保育者は指導計画のねらいと子どもの実態をもとに、適切な環境設定を行い豊かな経験に導く必要があります。

　保育者は、子どもの主体性と保育者のねらいをできるだけ合致するように事前に十分に検討しますが、実際には子どもの活動にその場で対応しなければならないことも起きてきます。指導計画に子どもを無理に合わせるのではなく、子どもの活動を見取りながら指導計画に修正を加えていかなければなりません。

　また、どの保育施設にも様々なキャリアの保育士が混在しています。新任保育者、中堅保育者、ベテラン保育者のそれぞれが子どもに向きあっています。指導計画は保育のねらいや支援の意図、子どもの実態を共有するときの拠り所となり、協力してこそ、より良い保育が達成されるのです。

3. 指導計画作成のポイント

　指導計画作成には、子ども理解に立って環境構成を計画すると、子どもの活動が見えてきます。

①子ども理解

　子どもの主体的な活動を引き出すには、子どもの実態を理解しなければなりません。子どもを多面的に見取る必要があるのです。月例や年齢に伴って、身体機能はどんな発達をするか、言葉の発達はどのように進むのかなどを理解した上で、今の興味・関心はどこにあるか、友達とどんな人間関係になっているかなどを把握します。また、子どもひとり一人に問題点はないか、クラスやグループとしても問題点はないかを考えることも大切です。子どもの遊びの場面と生活の場面をよく観察すると、子どもの活動の予想ができ、支援の手立てを見いだすこともできるようになっていきます。

②環境構成

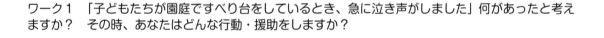

ワーク1　「子どもたちが園庭ですべり台をしているとき、急に泣き声がしました」何があったと考えますか？　その時、あなたはどんな行動・援助をしますか？

　ねらいが達成されるように、保育者は適切な環境を設定する必要があり、このことを環境構成（環境の構成）といいます。準備するものや準備することも含めます。環境には、物的環境（物）として遊具、草や木、色紙など多くのものがあります。人的環境（人）は、子どもの数、年齢等その場にいる人に関わることをいいます。空間的環境（場）は、保育室、ステージ、プール等場所のことです。環境図を用いると分かりやすい指導計画になるので、活動が変わる（話を聞く→座って制作をする等）ごとに、時系列でいくつかを環境図に書くことになります。子どもの動線に無理がないか、子ども同士の関わりはどうか、また、安全に活動できるか等もイメージしながら作成することが大事です。

ワーク2　図表1に示した指導案の環境構成から、物的環境・人的環境・空間的環境の要素を書き出してみましょう。

```
物……


人……


場……
```

図表1　3歳児指導案（幼稚園6月）

6月9日　水曜日　天気（晴れ）　10時45分〜11時10分			
クラス：もも組　　3歳児　男児12人　女児8人　計20人			
ねらい： 保育者や友だちと一緒に体を動かしたり、表現したりする楽しさを味わう（②）。			クラスの状況（①） ・保育者と一緒にごっこ遊びや飛行機作りを楽しんでいる。 ・動物体操を楽しんでいる。
中心となる活動：リズム表現（動物に変身）（③）。			
時間	環境構成・準備	予想される子どもの様子	援助と留意点
10：45 10：50 11：05 11：10	〈もも組保育室〉 〈準備物〉 ・ピアノ ・CD（動物体操） ①ピアノに合わせて動く場面 ②動物体操の場面	○リズム表現 ・保育者の所に集まり、話を聞き、手遊びをする。 ・動物になりピアノに合わせて、動く（うさぎ・かえる・ぞうなど）。 ・張り切って大きく動く子ども、友だちの様子を見ながら動く子どもなどさまざまな表現が見られる。 ・保育者の「かみなり」の言葉で小さくなったり、楽しくて大騒ぎしたりする子どももいる（⑤）。 ・動物体操をクラスのみんなで行う。 ・保育者と動物の話をする。 ○昼食準備	・「ないた、ないた」の手遊びをして、<u>たくさんの動物に触れ、動物のイメージが持てるようにする。</u> ・表現しやすいように具体的な動きを保育者が行ってから、動物のイメージにあったリズムを弾いていく。 ・楽しく表現できるようにピアノを弾きながら言葉をかけていく。 ・雷の部分では、安心して楽しめるように、一方では意外性を持てるように工夫する。 ・大きな動作でわかりやすく踊る。 ・色々な動物がいたこと、おもしろさについて話す（⑥）。 ・昼食準備について伝える。

出典：『コンパクト版保育者養成シリーズ教育・保育課程論』一藝社 p.92 より引用

引用・参考文献

谷田貝公昭・石橋哲成監修、髙橋弥生・大沢裕編著『教育・保育課程論』（コンパクト版保育者養成シリーズ）一藝社、2017年

三浦光哉編　『5歳アプローチプログラムと小1スタートカリキュラム』ジアース教育新社、2017年

谷田貝公昭・原裕視編集代表　『子ども心理辞典』　一藝社、2011年

林邦雄・谷田貝公昭監修、前林清和、嶋崎博嗣編著　『子ども学講座3　子どもと環境』一藝社　2010年

（野川智子）

教育方法

1. 教育方法とは何か

　幼稚園において行われている毎日の保育は、どのようにその内容や方法を決められているのでしょうか。保育者は、それぞれ何も決めないまま、思い付きやその場しのぎで毎日適当に保育を行っているのではありません。ある幼稚園では園の特色を生かした内容の保育方法を細かく設定し行っている場合もあり、他方の幼稚園では比較的自由度の高い日々の保育活動を設定している場合もあります。しかしいずれの場合にも、まったく何も保育方法が存在せず、子どもが自由に放任されて遊んでいるだけ、という保育はあり得ません。毎日の保育には、かならず保育者が意図したなんらかの方法が存在しています。ここでは、一般的に幼稚園における保育方法とは、いったいどのようなものに基づき設定され、どのように立案されているのかを、簡潔にまとめてみます。

　何かを作ったり、運営する時には、かならずそれに適した方法が必要なように、教育（保育）にも方法が存在します。カリキュラム（指導案）も方法も一部ですし、「横割り」「縦割り」「一斉保育」のような形態も、さらには情報機器や遊具などを活用することも教育方法であると考えられます。毎日の保育が充実したものとなり、効率よく運営されるためには欠かせないものであると言ってよいでしょう。保育者として日々の保育を運営するためにも、その仕組みや種類を理解しておくことが大切です。

保育方法は何をもとにして計画しているのでしょうか

　幼稚園における保育は学校教育法に基づき、『幼稚園教育要領』に従って保育者やその施設が、それぞれの保育方法を設定し、それに従った日々の保育を展開しています。その内容はその地域や施設の性格により異なり、すべてが同じ保育方法を実践しているのではありません。

　フレーベルやモンテッソーリといった著名な教育家の思想に基づいて保育を行っている場合もありますし、それぞれの園が細かく設定した独自の保育内容に基づいて日々の保育を展開している場合も多いです。また幼稚園の中には自由度が極めて高く、自然のままの状態で、子どもの自主的な成長を促そうとする考えの幼稚園も存在します。しかし、ここで忘れてはならないことは、どの幼稚園も、必ず前述の学校教育法に基づき、『幼稚園教育要領』に準じた保育方法によって保育を行っているということです。つまり保育者の思い付きや、毎日の時間を適当に設定して保育を行っているのではなく、必ずそこには「子どもをどのように育てていくことが、一番必要で大切なのか」という保育者のねらいと目標が設定されてこそ、はじめて保育となりえるのです。

保育時間はそれぞれの保育者・施設が決定する

　小学校における教科時間は「一時限が45分」とか、大学における授業は「一コマ　90分」といったように、学校における教科の時間はひとつひとつが区分され、それぞれの時間数が設定されていますが、幼稚園における保育では、区分された保育時間というものは決められていません。

　制作活動を行う場合にも、それが時間を多く必要と考えられる場合には「60分の活動」として設定しても良いし、その活動が子どもにとって簡単で、それほどの時間数を必要としないと考えられた場合には「30分の活動」、といったように保育者はそれぞれの保育時間を自らが決めることが可能です。

　つまり、お弁当の時間や、外遊びの時間なども各学年やそれぞれの子どもに応じて設定することが可能な場合もありますし、そういった「区切られた時間」を設定することなく、一日をまるごと使った、時間軸のない保育を行っている機関もあります。

　保育時間はそれぞれの幼稚園における保育内容や保育方法によって変化しますが、各々の幼稚園によって時間数を設定したり、職員間の会議で具体的な時間割を設定し、それに基づいて保育を行うことがほとんどです。

保育内容も各幼稚園で設定することができる

　幼稚園における保育時間が、小学校～大学のように、それぞれが分けられて時間設定されていないと記しましたが、そこで行う保育内容も、具体的に決められた保育教材や教科書が存在しているわけではありません。『幼稚園教育要領』に基づき各幼稚園が具体的で細かい内容を決め、設定・準備することが必要です。

　クレヨン、はさみ、粘土、ワークといった保育教材も、何を使うかは各幼稚園によって決定され、多くの園で保育の場において使用されているワークブック（絵具、文字、線の書き方など種類は多数ある）も、それぞれの幼稚園の考え方や保育者がどのような目標で保育を行うかによって選択され、設定されます。

　そのため、まったく同じ保育内容、保育教材で保育を展開している幼稚園は存在せず、一つひとつの園において異なったものとなっている、と考えることができます。

　　ワーク1　幼稚園、保育所時代を思い出し、行事や毎日の保育においてどのような教育方法であったか、考えてみましょう。

2．小学校と幼稚園における教育方法の違い

　前述のように幼稚園と小学校の大きな違いは「個々の時間が区切られた時間数となっていないこと」ですが、もうひとつ大きな違いは小学校における「教科」と幼稚園における「領域」(5領域)の違いです。

　小学校においては教科が設定され、それぞれ分けられた時間設定によって一日の時間割が設定されています。その時間割に従って「国語の時間」「体育の時間」というように授業が展開しますが、幼稚園はそうではありません。『幼稚園教育要領』に従って保育内容は「環境」「社会」「人間関係」「表現」「健康」の5領域が設定されていますが、それぞれが独立して存在するものではなく、相互に関連性を持ちながら、お互いが重なりつつ存在しています。

　例えば、砂場で子どもが遊んでいる場合、砂で何かを作る行動を「表現」、そこに他の子どもが参加し道具を貸し借りすることで「人間関係」が生じ、最後に砂場を片付け手を洗うことで「健康」の領域が生まれる、といったように、ひとつの活動の中には、5領域の内容が複雑に絡み合いながら含まれるのです。

　つまり、小学校における教科が、ひとつひとつが独立した存在、と考えるならば、幼稚園における領域とは、すべての保育活動に含まれる、それぞれを分けることができない性格のものである、ということです。

　領域をひとつひとつ独立した存在、と捉えていては保育を理解することはできない、といえます。

カリキュラムとはなにか

　カリキュラムとは、幼稚園の入園から卒園までの期間に発達の方向性を指し示し、どのような時期に何を育て、どのような保育内容を展開することが望ましいのかを計画したものの総称ですが、日々の保育を行うための保育計画案もカリキュラムの中に含まれるということです。保育計画案には、「年間計画案」「月間計画案」「週案」「日案」などがあり、これらは各幼稚園において保育者により設定されます。

　保育指導案には、その活動の時間、設定する保育室や屋外の形態図、おおまかな内容、準備する素材・教材などが記され、保育者がそれを参考にして保育を実践することになります。ここで間違えてはいけないのは、カリキュラムも保育指導案も保育者が保育を効率的に行いやすくするためのものであり、自らがわかりやすく設定しなければ意味がないということです。

一斉保育と自由保育

　通常、一斉保育とは、保育者を中心として、同年齢の子どもたちが同じ時間に同一の活動を、同じ教室(保育室)において行う保育方法のことをさします。一方、自由保育とは、一般的に子どもが自分で行いたい保育内容（遊び）を選択することができたり、あるいは自分で活動や保育内容を自由に生み出して行うことができたり、子どもの自由度の高い保育のことをさすことが多いです。

　ここで間違えてはいけないのは、「教室内において、保育者が製作などを行う活動を一斉保育」、屋外などで自由に子どもが遊んでいる時間が「自由保育」と理解してはいけない、ということです。

屋外においても保育者が適切に設定し展開すれば一斉保育を行うことはできますし（たとえばルールに基づいた運動遊びや、屋外で行う観察活動なども、一斉遊びの範疇と考えられます）、屋内においてもコーナー保育（保育室をいくつかの区切られた空間として設定し、その中で子どもが自由に遊びや活動などを選択することができる遊び）や園全体でのごっこ遊びといったような自由遊びを、様々な形で実施することは保育者の工夫次第で可能です。決して外で子どもが自由に遊んでいる時間のみを「自由保育」と勘違いしないことが大切です。

縦割り保育と横割り保育

縦割り保育とは、幼稚園等の「年少」「年中」「年長」を縦割り、つまり3歳児も、4歳児も、5歳児も混合させた状態で保育を行う形態です。昨今核家族化が進み兄弟姉妹の交流する機会や、それ以外の場面においても、異年齢の子ども同士の交流する機会が減少していますが、人間関係においては異年齢のコミュニケーションが重要な意味を持つことは言うまでもありません。

園において縦割り保育を実施し、異年齢同士の交流する機会を設けることで、上の年齢の子どもは下の子どもを援助することの喜びを知り、下の年齢の子どもにとっては頼ることできる安心感や、自らも大きく成長することの大切さなどを理解することができるのではないでしょうか。

一方、横割り保育は、同学年内において、クラスといった区分を取り払い、子どもも保育者も自由に交流することができるような形態の保育方法のことを言います。縦割り保育の利点としては、特定の保育者と子どもたち、あるいは子どもたち同士がクラスといった壁を越えて交流し、保育活動を展開することができるため、より多くの人間関係を築き、それぞれが自由に交流することができるようになる、といった点にあります。お弁当などの時間にも縦割り保育を導入することにより、普段接することのできない子ども同士や保育者が触れ合うことも可能となるため、導入している幼稚園もあります。

また、行事などに関しても、例えば運動会・発表会・作品展などを横割り保育で行うことにより、子どもが自らやりたい内容を選択できたり、また学年全体で行うことにより、より大きなスケールの保育内容を実践できるなど、様々な利点があります。

そのため幼稚園においてはクラスにおける活動だけにとどまらず、縦割り保育・横割り保育を適宜に、バランスよく導入することにより、多くのメリットを生み出し、効果的な保育を実践することができると考えられます。

特定の保育方法に限定されず、より柔軟に形態を設定することのできる可能性こそが保育の魅力です。そのためにも保育者は様々な形態の保育方法を理解し、子どもとともに楽しみながら、より効果的で充実した成果を生み出すことのできる保育方法を設定することができるように、保育者自らも発展していく必要があります。

> **ワーク2** 自分でやってみたいカリキュラム（日案）を書いてみましょう。簡単でかまいません。

引用・参考文献

岸井勇雄・武藤隆・柴崎正行監修『保育・教育ネオシリーズ保育内容』同文書院、2008年
柴崎正行編著『保育方法の基礎』わかば社、2015年
柴田義松編著『教育の方法と技術』学文社、2016年
久富陽子・梅田優子著『保育方法の実践的理解』萌文書林、2013年
谷田貝公昭・林邦雄・成田國雄編『教育方法論〔改訂版〕』一藝社、2015年
谷田貝公昭監修、林邦雄責任編集『保育用語辞典 第2版』一藝社、2011年

（野末晃秀）

学習した日　　月　　日

特別支援教育　―教育の原点を学ぼう―

1．特別支援教育の風景から学ぶ

子どもから学ぶ教員の姿から

「日々の教育実践で大切にしていることは、"子どもから学ぶ"という姿勢です。」

これは、小学校の特別支援学級の担任歴10年の田中先生の言葉です。田中先生は、特別支援学級の在籍する子どもの実態把握をていねいに行い、一人ひとりの子どもに合わせた教育ができるよう教材研究に取り組んでいます。障害のある子どもが「わかった」「できた」「楽しい」と思えるような授業を行うために、教育方法の工夫・改善を積み重ねてきました。障害のある子どもたちは学習活動に興味を持てないとなかなか取り組んでくれません。授業が楽しくないと「つまらない」と言ったり、教室から出て行ったりします。楽しい授業を展開すると、子どもの目は輝き、やる気が向上し、新しい学習や活動にチャレンジする姿を見ることができます。田中先生はこんな素直な子どもたちとのかかわりを通して、教員として大切なことをたくさん学びました。

一人の子どものために学校でできること

ADHD（注意欠陥多動性障害）の診断のある中村くん（小5、通常学級在籍）は、小4の3学期から登校できない日が多くなりました。中村くんの心の発信は、身体症状（頭痛、不眠など）や行動（学校に行けない）などに表現され、深刻な状況になっていました。そこで、特別支援教育コーディネーターや養護教諭が中心となり、中村くんの心理的理解に加え、障害の理解についても考えていく必要がありました。スクールカウンセラーには、中村くんの気持ちを聴いてもらう支援を依頼しました。母親支援は養護教諭が担当しました。担任だけでなく学年主任やクラブ活動の担当を含め、学校全体で中村くんの理解を深め、具体的な支援を行いました。その結果、中村くんは次第に安定し、登校できる日が増えていきました。

障害のある子どもの理解は、一人の教員の理解では難しい場合もあります。子どもにかかわる教員が力を合わせ、それぞれの立場や専門性を生かし、今、どんな支援が必要かということを考えていくことが大切です。また、障害や発達の特性を理解した支援を行うことも重要になります。

自立と社会参加を目指して～特別支援学校で育つ子どもたち～

特別支援学校には幼稚部・小学部・中学部・高等部があります。幼稚部のない学校や高等部のみの学校もあります。視覚障害のある中田くんは小学部から高等部まで特別支援学校に通いました。点字を使っての教科学習を始め、付添無しで歩行できるよう、白杖を使っての歩行練習もしました。コンピュータなどで様々な情報を得る力を身に付ける授業もあります。高等部ではあん摩マッサージ指圧師の国家資格の取得を目指した職業教育も受け、卒業後は取得した資格を活用して働いている人もいます。

知的障害のある安村さん（特別支援学校小学部3年）は、特別支援学校で学んでいます。学校では、特別支援学校の教育課程にある「自立活動」「生活単元学習」「日常生活の指導」を通して、生活の自立に向けた体験学習や個別学習を積み重ねています。安村さんの母親は、「小学校入学前は、一人では何もできず、不安でした。学校の先生がこの子に合わせた勉強や生活指導を丁寧にしてくれたことで、今ではいろんな事ができるようになり、家でも手伝いをしてくれて助かっています」と言います。安村さんの将来の夢は、カフェの店員になることだそうです。その夢を叶えるために日々の学習もお手伝いもがんばっています。

特別支援学校では、一人ひとりの障害の特性や発達の状況に合わせて、「個別の教育支援計画」や「個別の指導計画」が作成され、丁寧な教育支援が行われています。子どもの将来を見据え、授業を含めた学校生活全体を通して、自立と社会参加を目指した教育が行われています。

ワーク１　あなたが通っていた小中学校には特別支援学級がありましたか。どんな障害の子どもが通っていたか、また教員や友人とどんな関わりがあったか、思い出したり調べてたりして書いてみましょう。

２．特別支援教育の今

特別支援教育の理念

　わが国では、障害のある子どもを対象とした教育を「特別支援教育」と呼びます。1.で紹介したように、特別支援教育の対象となる子どもは、通常学級にも在籍しています。中村くんのように知的の遅れがない発達障害のある児童生徒が増加傾向にあることも報告されています。

　このような現状から、2007（平成9）年4月に施行された学校教育法の一部により、特殊教育から特別支援教育へと転換しました。特殊教育では、盲・聾・養護学校、特殊学級、通級による指導など、特別な場で実施されていましたが、現在では、幼稚園・小中高校も含むあらゆる場で特別支援教育を行っています。したがって、子どもにかかわる教員すべてが、特別支援教育の知識や技術を持ち合わせていることが必要になります。

　2007（平成19）年に出された「特別支援教育の推進について（通知）」の中に記されている特別支援教育の理念を紹介しますので、ワークを通してさらに学びを深めてください。

<特別支援教育の理念>
特別支援教育は、障害のある幼児児童生徒の自立や社会参加に向けた主体的な取組を支援するという視点に立ち、幼児児童生徒一人ひとりの教育的ニーズを把握し、その持てる力を高め、生活や学習上の困難を改善又は克服するため、適切な指導及び必要な支援を行うものである。また、特別支援教育は、これまでの特殊教育の対象の障害だけでなく、知的な遅れのない発達障害も含めて、特別な支援を必要とする幼児児童生徒が在籍する全ての学校において実施されるものである。

さらに、特別支援教育は、障害のある幼児児童生徒への教育にとどまらず、障害の有無やその他の個々の違いを認識しつつ様々な人々が生き生きと活躍できる共生社会の形成の基盤となるものであり、我が国の現在及び社会にとって重要な意味をもっている。

ワーク２　特殊教育と特別支援教育の違いを整理して書き出してみましょう。

特殊教育	特別支援教育

インクルーシブ教育システムの構築に向けて

　わが国の特別支援教育では、障害のある子どもと障害のない子どもが共に学ぶ仕組みを創造していくために、インクルーシブ教育システムの構築に向けて様々な取り組みが始まっています。インクルーシブ教育システムとは、障害がある子どもが排除されず、住み慣れた地域で教育の機会が与えられ、必要な合理的配慮を提供される仕組み作りのことです。

　合理的配慮とは、一人ひとりの障害の特性や発達の状況などをふまえ、教育方法の工夫・改善、環境整備、教材の工夫などを行っていくものです。さらに、学校の中で、障害のある子どもと障害のない子どもが一緒に学習できる場を提供していくための教育環境の整備、教育方法の工夫・改善、相互理解のための具体的な取り組みを行うことが求められます。

3．特別支援教育の学びを深めるために

知識を広げる

　共生社会の形成に向けたインクルーシブ教育がすすめられている今、特別支援教育の知識・技術はすべての教員に必要とされる時代となりました。みなさんは「特別支援教育概論」「発達障害論」等の授業を通して、特別支援教育に関する内容を学ぶ機会があると思います。授業を通して、教育の原点である特別支援教育の知識を深めてほしいと思います。

技術を習得する

　子どもの教育や発達支援に携わる者が習得しなければいけないこととして技術があります。例えば、教育技術があげられます。教育技術は、教科指導の教育方法だけでなく、生徒指導やカウンセリング等があげられます。障害のある子どもへの支援は、個々の発達の状態や障害の特性に合わせた教育や支援を行う必要があります。「教科教育法」「発達心理学」「カウンセリング」「生徒指導」等の授業を通して学んでください。

実践を積み重ねる

　さらに、学びを深めるためには、机上の学びだけではなく、子どもたちと直接かかわる実践を積み重ねてほしいと思います。学校の授業の一貫や実習だけでなく、ボランティア活動等で障害のある子どもや特別な配慮が必要な子に出会ってください。こうした経験は、きっとあなたを成長させてくれると思います。

引用・参考文献
青山新吾編集代表『特別支援教育ONEテーマブックシリーズ』①〜⑩学事出版、2014年
青山新吾他『インクルーシブ教育ってどんな教育？』（インクルーシブ発想の教育シリーズ）学事出版、2016年
糸賀一雄『この子らを世の光に―近江学園二十年の願い―』NHK出版、2003年
大南英明『交流及び共同学習への取り組み』明治図書出版、2007年
中田洋二郎『子どもの障害をどう受容するか―家族支援と援助者の役割―』大月書店、2002年
成沢真介『自閉症・発達障害がある子どもたちを育てる特別支援学校とは？虹の生徒たち』講談社、2010年
肥後祥治・雲井未歓・片岡美華・鹿児島大学教育学部付属特別支援学校編著『特別支援教育の学習指導案と授業研究―子どもたちが学ぶ楽しさを味わえる授業づくり―』ジアース教育新社、2003年
藤田久美編著『アクティブラーニングで学ぶ特別支援教育』一藝社、2017年

（藤田久美）

学習した日　　月　　日

幼保小連携教育　―これからの幼小接続を考える―

1. 幼保小連携とは

　この本を読んでいる方の多くは、幼稚園教諭免許状や保育士資格の取得を目指し、日々学ばれていることでしょう。あるいは、小学校教諭や児童福祉施設の職員を志す方もいるかもしれません。将来的には幼稚園、保育所、小学校等でそれぞれの学びを生かしながら多様な場で活躍していくこととなります。

　1990年代後半頃から、子どもたちが小学校へ就学した際、「落ち着いて座っていることができない」「先生の話を聞くことができない」など小学校の生活になかなかなじめない姿が課題として取り上げられ、"小１プロブレム"として注目されるようになりました。また、2004年中央教育審議会「子どもを取り巻く環境の変化を踏まえた今後の幼児教育の在り方について(中間報告)」には、基本的生活習慣の欠如や運動機能の低下と並んで、小学校生活での様々な不適応行動から学級がうまく機能しないことがあげられています。こうした子どもたちの姿を考える時に忘れてはならないのは、子どもの発達や生活は常に続いている(連続性)ということです。生活の場が保育所・幼稚園から小学校へ移行したからといって、子どもの発達や生活は突然、大きく変わるものではありません。中央教育審議会は「今後の幼児教育の取組の方向性」として、幼児の生活の連続性及び発達や学びの連続性を踏まえた幼児教育の充実を図ることを示し、小学校への円滑な接続が図れるよう求めています。

　幼稚園・保育所に関わる保育者は卒園した後の子どもたちの成長を、小学校で関わる教員は就学以前の子どもの学びを意識し、互いが歩みよりながら子どもたちの将来を見据えた「生きる力」の育成に取り組む必要があります。

> ワーク１　小学校生活への不適応は、なぜ起こっているのか、自分の考えを書いてみましょう。

2. 幼児期の教育と小学校教育

　保育の場における学びは「生活」と「遊び」を中心としていることに大きな特色があり、幼稚園教育要領第１章第１の２では「幼児の自発的な活動としての遊びは、心身の調和のとれた発達の基礎を培う重要な学習である」と位置付けられています。幼児期の教育は、人やものを含む様々な環境を通して行われることが基本であり、子どもたちが望ましい経験ができるよう配慮をしながら保育計画を立てたり環境を整えたりすることが大切です。こうした活動を通して、「生きる力の基礎」を育むことが目標とされています。

　一方で、小学校における学びは「授業」が中心で、各教科等の指導によって行われます。学校教育法第30条第２項では小学校における教育の目標について「生涯にわたり学習する基盤が培われるよう、基本的な知識及び技術を習得させるとともに、これらを解決するために必要な思考力、判断力、表現力その他の能力をはぐくみ、主体的に学習に取り組む態度を養うこと」と記さています。学習を通して、変化の目まぐるしい社会の中でも「自分で課題を見つけ，自ら学び，自ら考え，主体的に判断し，行動し，よりよく問題を解決する資質や能力」「自らを律しつつ，他人とともに協調し，他人を思いやる心や感動する心など，豊かな人間性」「たくましく生きるための健康や体力」などの「生きる力」を育てていくことに重点を置いていることが分かります。

3．「幼児期の終わりまでに育ってほしい姿」と「スタートカリキュラム」

平成29年告示の年幼稚園教育要領、保育所保育指針等では、これまで行われてきた幼児教育と小学校教育の円滑な接続についてはおおむね理解がされてきている一方で、教育課程の接続についてはまだ十分ではない現状が指摘されています。「生きる力の基礎」を育むために、幼児期において育みたい資質・能力として「知識及び技能の基礎」「思考力・判断力・表現力の基礎」「学びに向かう力・人間力」があげられました。これと合わせて「幼児期の終わりまでに育ってほしい姿」として10の姿が示されています。これは、5歳児後半に特に伸びていく5領域の内容を10に整理したものです。

小学校学習指導要領第1章第2の4では「幼児期の終わりまでに育ってほしい姿を踏まえた指導を工夫する…（中略）…特に、小学校入学当初においては、幼児期において自発的な活動としての遊びを通して育まれてきたことが、各教科等における学習に円滑に接続されるよう、生活科を中心に、合科的・関連的な指導や弾力的な時間割の設定など、指導の工夫や指導計画の作成を行うこと」としています。小学校入学当初の学びにおいては、幼児期の教育との連携や接続を意識したスタートカリキュラムの充実を図ることとし、幼児教育・小学校教育双方から連携・接続の強化を図ろうとしています。

幼稚園教育要領第1章第3の5(2)には小学校教育との接続にあたっての留意事項として「小学校の教師との意見交換や合同の研究の機会などを設け、「幼児期の終わりまでに育ってほしい姿」を共有するなど連携を図り」としています。10の姿は子どもたちの育ちを捉える指標としての参考であり、子どもの実態や具体的活動については、それぞれの立場から工夫していくことが求められます。

図　生活科における教育のイメージ

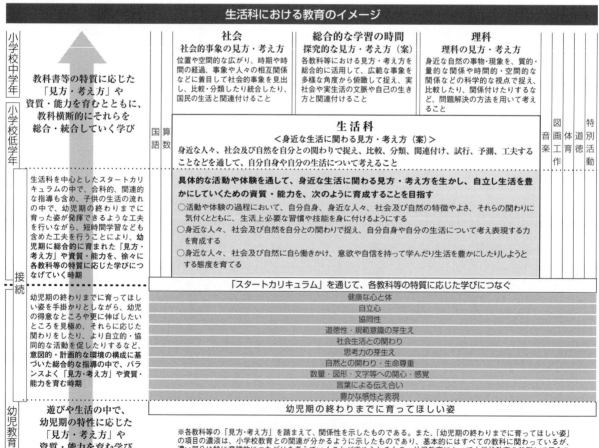

出典：中央教育審議会「幼稚園、小学校、中学校、高等学校及び特別支援学校の学習指導要領等の改善及び必要な方策等について」別添資料7-2、2016

4．幼保小連携教育に関わる保育者・教員に求められること

　前述のように、幼保小連携において大きなポイントとなるのは、教育課程の接続です。これについては、各校で実施されている「保育内容」の授業や「カリキュラム論」等を通して学んでいくことになります。そして、ここで学んだことを、保育の現場で具体的にどのように実践するのかを考える必要があります。

　「幼児期と小学校教育の円滑な接続の在り方について(報告)」では、幼小接続に関し教職員に求められる資質として「まず長期的かつ柔軟な視点で幼児期と児童期をつながりとして捉え、その上で発達段階などに留意しつつ、子どものよさや長所を生かす教育活動を冷静に計画・構成」していくよう述べられています。幼児期の教育に関わる保育者、あるいは小学校教育に関わる教員どちらか一方だけがこれらのことを理解し、実践したとしても円滑な接続は成し得ることはできません。両者のもつ教育の目標や方法、子どもの育ちなどを含めて連続性・一貫性を意識した教育活動が求められているのです。このことが実現するためには、幼児期の教育・小学校教育それぞれの分野における専門知識を磨いていくことはもちろんのこと、互いの教育の特性や保育者・小学校教員の思いにも歩み寄る協力姿勢やコミュニケーション能力も必要とされます。

　ワーク２　幼児期の教育と小学校教育の連携を意識したものとして、具体的にはどのような活動が考えられるでしょう。

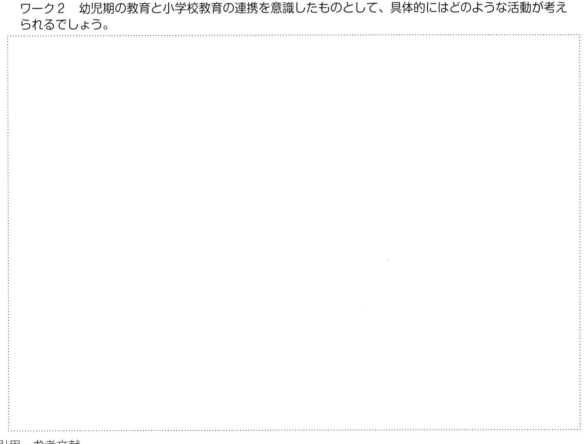

引用・参考文献
乙訓稔編著『幼稚園と小学校の教育―初等教育の原理―』東信堂、2011年
中央教育審議会「子どもを取り巻く環境の変化を踏まえた今後の幼児教育の在り方（中間報告）」2004年
中央教育審議会「幼稚園，小学校，中学校，高等学校及び特別支援学校の学習指導要領等の改善及び必要な方策等について（答申）」別添資料7-2, 2016
無藤隆・汐見稔幸・砂上史子著『ここがポイント！3法令ガイドブック―新しい「幼稚園教育要領」「保育所保育指針」「幼保連携型認定こども園教育・保育要領」の理解のために―』フレーベル館、2017年
文部科学省「幼児期の教育と小学校教育の円滑な接続の在り方 について（報告）」2010年

（関川満美）

国語（言語）教育　―領域「言葉」はなぜ大切か―

1. 国語（言語）教育とは

　言語の教育のうち、学校制度の教科名として「国語科」という言葉があります。単に「国語」と呼ぶ場合は、教科名ではなく教科の学習内容を指していたり、ほぼ日本語と同じ意味合いだったりします。一方、幼稚園や保育所は、保育のねらいと内容が「健康」「人間関係」「環境」「言葉」「表現」という5つの領域で構成されています。この5領域は相互に関連をもちながら、次第にねらいの達成に向かうものとされており、学校制度の教科とは性質が違います。

　ここでは領域「言葉」を中心に、子どもの言葉を育てることについて考えてみましょう。

2. 言葉を育てること

　自分の「言葉」の記憶をたどってみましょう。あなたが初めて話した言葉、身近な人が語ってくれたエピソードなどが思い浮かぶでしょうか？　言葉は自然に身についていく部分も大きいので、ほとんど記憶のない人もいるかもしれません。では、書き文字ではどうでしょうか。

　乳幼児が意味のある言葉を話し始めるのは、おおむね1歳前後からで、多くは「ママ」「ワンワン」のような2～3音のものから始まります。1歳後半ぐらいで単語を組み合わせることができるようになると「ブーブ、キタ」など2語文が出始め、語りかけられた言葉を理解して自分からも使い始めます。2歳半～3歳ぐらいでは、相手が自分の言葉を理解してくれることが分かると、どんどん周りの言葉を吸収して語彙を増やし、3～4歳で1000語ぐらいの言葉を覚えます。これぐらいの語彙数を大人と共有できるようになると、日常的な会話にはおおよそ不自由がなくなり、おしゃべりを楽しむようになります。

　やがて「今、ここ」の活動から離れた経験内容もかなり話せるようになり、過去の話や未来の話、見たことや知っていることの話ができ、絵本や物語を楽しむこともできるようになります。5歳以上では相手に合わせた会話ができるようになります。

　　ワーク1　あなたが保育者だったら、子どもの言葉を育てるためにどのようなことができるか考えてみましょう。

2. 領域「言葉」

　保育の場での具体的なねらい及び内容は、幼稚園教育要領、保育所保育指針、幼保連携型認定こども園教育・保育要領に示され、3歳以上の部分は共通になっています。5領域のうち言葉の獲得に関するものが領域「言葉」です。次に領域「言葉」のねらいを挙げますので、ワーク1で考えたことがどの項目につながっているか確かめてみましょう。

ねらい（幼稚園教育要領より）
（1）自分の気持ちを言葉で表現する楽しさを味わう。
（2）人の言葉や話などをよく聞き、自分の経験したことや考えたことを話し、伝え合う喜びを味わう。
（3）日常生活に必要な言葉が分かるようになるとともに、絵本や物語などに親しみ、言葉に対する感覚を豊かにし、先生や友達と心を通わせる。

　（1）は言葉で表現すること、（2）は伝え合うこと、（3）は日常生活の言葉と絵本や物語について述べられています。言葉は、誕生してから保護者をはじめ、身の回りの人々とのかかわりを通して獲得されていくものです。楽しさ、喜び、親しむ、豊か、心を通わせる、といったように意欲や態度を大切に育てていることに気づくでしょう。
　そして、このねらいは他の4つの領域と関連しながら達成されていきます。例えば、心と体を健康に保ち様々な遊びで活動すること（「健康」）や、身近な人と親しむこと（「人間関係」）や、他の子どもの考えなどに触れて新しい考えを生み出す喜びや楽しさを味わうこと（「環境」）や、自分のイメージを動きや言葉などで表現すること（「表現」）などと関連し、総合的な活動の中で言葉が育っていきます。ねらいに続けて10項目にわたって内容が示されていますので、実際の幼稚園教育要領などで見ておくとよいでしょう。
　絵本や物語は「児童文化財」と呼ばれます。絵本や物語の価値を考えてみると、家庭で親しむ場合と違い、保育者や他の子どもの興味や関心などによって、幅広く新しい世界を知る楽しみを味わうことができます。また、物語の人物に出会い、様々な想像をめぐらせることができるようになり、友達と共感することもできます。
　さらに、多くの言葉に触れて言葉のイメージや感覚が豊かになり、語彙を増やすことにもつながるでしょう。そして、自分でページをめくって読み進めることも大きな喜びで、文字に親しめるようになります。

　ワーク2　次に挙げる昔話で覚えているものに○、何となく覚えているものに△、全く覚えていないものには×をつけ、どんな内容だったか周囲の人と話してみましょう。

昔話のタイトル	○△×	内　容
『舌切りすずめ』		
『大工と鬼六』		
『笠地蔵』		
『三枚のお札』		
『雪女』		
『かちかち山』		
『干支のはじまり』		

それでは、ここまで考えてきたことを整理しながら、次の「幼児期の終わりまでに育ってほしい姿」(9)を読んでみましょう。これはねらい及び内容とは別の章に示されているもので、すべての子どもに求める到達目標ではなく、幼稚園修了時の具体的な姿のイメージととらえると分かりやすいでしょう。

大学、短期大学、専門学校での言葉の領域に関わる科目名は少しずつ違いますが、今後子どもの言葉の獲得について学ぶ際に参照するとよいものの一つです。

「幼児期の終わりまでに育ってほしい姿」(幼稚園教育要領より)
(9) 言葉による伝え合い
先生や友達と心を通わせる中で、絵本や物語などに親しみながら、豊かな言葉や表現を身に付け、経験したことや考えたことなどを言葉で伝えたり、相手の話を注意して聞いたりし、言葉による伝え合いを楽しむようになる。

4. 小学校へのつながりを視野に入れる

「幼児期の終わりまでに育ってほしい姿」は、小学校教師が読むと「なるほど、保育の場ではこのような姿をイメージして育てられてきたのだな」と理解して小学校の教育にあたることができます。実際に小学校学習指導要領「国語科」の話すこと・聞くことに関する事項は、この記述とのつながりがとても強くなっています。機会があったら読んでみましょう。

子どもの言葉を育てるためには、言葉の発達、領域「言葉」の内容、他の4領域との関連、小学校とのつながりなどを理解することや、言語文化財に親しむことが求められ、さらに保育者としてどのようにかかわるとよいのかを考えていく必要があります。周囲の人とかかわる中で子どもの言葉が育っていくのですから、言葉を獲得することは生きることを豊かにしていくことと強く結びつきます。領域「言葉」の大切さはそんなところにあるのではないでしょうか。

言語教育について、幼稚園、保育所、認定こども園、小学校を通してポイントとなる観点を挙げておきます。自分で考えたり調べたりして、自身の言葉も豊かになるよう心がけていきましょう。

- ◆言葉遊び　　言語を対象とする知的な遊び。しりとりやなぞなぞ、回文、だじゃれなど。
- ◆言語感覚　　言語で理解したり表現したりする際の正誤、適否、美醜などについての感覚のこと。
- ◆語彙　　語句の数を増し、語句と語句の関係を理解することで増えていく。語彙を増やす環境は？
- ◆話し言葉と書き言葉　　話し言葉は瞬時に消え、書き言葉には記録性がある。ほかの特色は？
- ◆言葉の働き　　認識・思考・伝達・創造。身近なところではどのような働きをしているだろう？

引用・参考文献
岩立志津夫・小椋たみ子編『よくわかる言語発達　改訂新版』ミネルヴァ書房、2017年
岡本夏木著『子どもとことば』岩波新書、1982年
ウォルター・J・オング、桜井直文・林正寛・糟谷啓介訳『声の文化と文字の文化』藤原書店、1991年
谷田貝公昭監修、谷田貝公昭・廣澤満之編著『言葉』(実践保育内容シリーズ4)一藝社、2016年
佐藤慎司・佐伯胖編『かかわることば』東京大学出版会、2017年

(廣川加代子)

学習した日　　月　　日

子どもの生活　―小学校へつなぐ子どもの生活体験―

1．小学校「生活科」をなぜ勉強するの？

幼稚園教諭養成の課程の中で

　「子どもの生活」と言えば、どんなことを思い起こしますか。ご飯を食べている子ども、友だちや先生と一緒に楽しく遊んでいる子ども、けんかして泣いている子ども、ゲームに夢中の子ども、お手伝いしている子どもなどいろいろな生活場面の子どもが見えてきます。幼稚園や保育所、認定子ども園などで子どもたちは遊びを中心とした生活をしています。どれも子どもの姿ですが、この「子どもの生活」の教科で学ぶことは、小学校の教科である「生活科」の内容を理解することです。そして、小学校につながる幼児期の子どもの生活の現状や意味、問題等を検討することです。子どもの遊びや生活の何を見取り、何を体験させるのが大事か考えていきましょう。幼稚園教諭を志望する皆さんは、小学校と同じ教科の「国語」「算数」「音楽」「体育」などを履修するのですが、その中の一つが「生活」です。

「子どもの生活」の内容

　小学校の生活科は、1・2年生だけの教科です。幼児期の教育との連携・接続を図り、子どもの発達に即して学習が進められます。そして、3年生以上の総合的な学習へと発展する大切な教科です。
　では、生活科の内容を見てみましょう。小学校学習指導要領では、9つの内容を示しています。

　（1）学校と生活……学校の施設や働く人や友達のことを知って、楽しく安心して生活できる
　（2）家庭と生活……家族や自分でできることを考え、規則正しく健康に気をつけて生活できる
　（3）地域と生活……地域の人や働く人と関わっている事がわかり、親しみをもつ
　（4）公共物や施設……みんなで使うものや施設があることを知り、安全に正しく利用できる
　（5）季節の変化と生活……四季の自然の変化や生活の変化に気づき生活を工夫できる
　（6）自然と遊び……身近な自然や物を使って遊びを工夫して作り、みんなで楽しむことができる
　（7）動植物の飼育栽培……飼育や栽培を通して成長や変化に関心をもち、大切にできる
　（8）出来事の交流……自分の生活や地域の出来事を伝え合い、関わることの楽しさがわかる
　（9）自分の成長……自分の成長をふりかえり、周りの人に感謝し、意欲を持って生活する

　小学校では、幼児期の教育との連携・接続を図り、子どもの発達に即して学習が進められます。特に、入学後の数ヶ月は「スタートカリキュラム」を組んで、1年生がスムーズに小学校生活に適応するように力を入れています。また、保育施設でも、年長の終わりに小学校入学に備えて「アプローチカリキュラム」に取り組んでいます。また、「子どもの生活」では、幼稚園・保育所・小学校（幼保小）連携の在り方や課題についても学びます。2年次の「子どもの生活」の時間には、講義によって生活科の内容を理解するとともに、具体的な体験（制作や実技など）や演習を通して理解を深めていくことになります。
　9つの内容で扱う身近な生活や自然、人との関わりは、保育施設でも保育者が中心となって、意図的計画的に子どもたちに提示し、体験させていることです。幼稚園や保育所などで、小学校教育の目標や内容を理解した保育者が子どもに適切な声掛けができると、より良い保育を実践することができます。

　　ワーク1　小学校生の時の生活科で印象に残る学習はなんでしたか、その理由も話し合いましょう。

2．幼児教育と小学校「生活科」

具体的な活動や体験を

生活科の目標は「具体的な活動や体験を通して、自分と身近な人々、社会及び自然とのかかわりに関心をもち、自分自身や自分の生活について考えさせるとともに、その過程において生活上必要な習慣や技能を身につけさせ、自立への基礎を養う。」です。端的に言うと、「具体的な活動や体験を通して、自立への基礎を養うこと」となります。

「具体的な活動や体験を通す」とは、実際に対象（友だち、物、動植物、まちの人など）に直接働きかける学習活動が中心となるということです。『なかよしいっぱい、学校だいすき』での学校探検で、用務員さんに気づいて仲良くなったり一緒に仕事をしたり、『虫となかよし』で幼虫を見つけてきてクラスで飼育、観察したりするなどです。そして、活動しながら気づいたことや楽しかったことを言葉や絵、劇などで表現することまでを「具体的な活動や体験」に含んでいます。単元名〈ある主題を中心として行われる学習のひとまとまりの名称『学校たんけんをしよう』など〉が初めにあるのではなく、子どもの気づきから学習を始めることが生活科の特徴です。

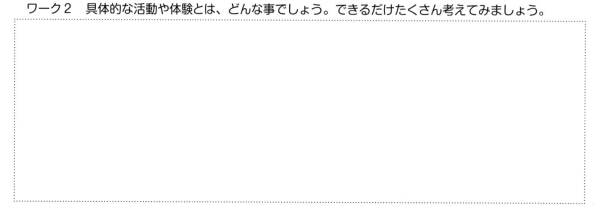

ワーク２　具体的な活動や体験とは、どんな事でしょう。できるだけたくさん考えてみましょう。

幼児期は、それぞれが自分の興味や関心をもとにした具体的な活動を、主として遊びとして行っています。興味や関心によって働きかける対象はさまざまでも十分に体験することが大事です。幼児の遊びは、教えるとか学習させるということではなく、保育者は、子どもが遊びに夢中になって心を動かし発見する活動になるように援助するのです。その豊かな体験が、小学校生活科での気づく力となります。そして、一人の気づきから、めあてをもった協同的な学習となり深まっていくように、１年担任が支援していきます。生活科の学習は、一見遊びのように見えることもありますが、そこには必ず教科としてのねらいがあり、『〜してあそぼう』という形態をとることがあっても、子ども達は一つのめあてに向かって学習しています。

自立への基礎、基本的生活習慣

自立への基礎とはどんなことでしょう。

一つは、自分の興味や関心があり、価値があると感じる学習に進んで取り組み、自分の思いや考えなどを表現できるという学習上の自立です。主体的な学習者になるということです。

二つ目は、生活に必要な習慣や技能を身につけて身近な人や自然と関わり、よりよい生活を作り出すという生活上の自立です。自分のことが自分でできることはとても大切です。

三つめは、自分の良さや可能性に気づき、意欲や自信をもって前向きに生活していくという精神的な自立です。人々の中で自己有用感をもつと言い換えてもよいかもしれません。

中でも二つ目の習慣や技能は、「身につける」ように指導することが求められています。習慣とは、頭での理解ではなく、態度や行動が自然にできることを言います。最近の子ども達は、基本的生活習慣が身についていないとよく言われます。

文部科学省が資料として出している「幼児期の終わりまでに育ってほしい姿（参考例）」の健康な心と体の項で、「健康な生活リズム、衣服の着脱、食事、排泄など・・自分でする」と書かれています。小学校に入ると、たくさんの事を自分で、素早くできなければなりません。幼稚園や保育所などでの生活を通して一つひとつ繰り返し

教えて、身につけさせることが大事です。家庭の教育力が低下していると言われる今日、ますます幼稚園や保育所などの役割が大きくなっています。

> ワーク２　入学までに身につけたい基本的生活習慣は、どんなことでしょう。小学１年生の学校生活を思い起こして考えてみましょう。
>
> ①食事……
>
> ②睡眠……
>
> ③排泄……
>
> ④清潔……
>
> ⑤衣服の着脱……

　生活上必要な技能には、手や体を使うこと、様々な道具を使うことなどがあります。小学校では毎日たくさんのプリントが配布され、子ども自身が折って持ち帰ったり片づけたりします。小さな机の中にかなりの本やノート、道具をしまいます。掃除には雑巾絞りが欠かせません。鉛筆はもちろん、ハサミや箸の使い方も日々必要な技能です。ところが、幼児期の遊びの変化や手を使わない生活にどっぷりつかり、不器用な子どもたちが増えているのです。これらについても保育者や教育者が、正しい仕方の手本を示し、教えていかなければなりません。
　「子どもの生活」の授業では、皆さんの技能も確かなものにしていきましょう。

引用・参考文献
林邦雄・谷田貝公昭監修、西方毅・本間玖美子編著『子ども学講座１　子どもと生活』一藝社、2010年
文部科学省『小学校　学習指導要領』2018年
谷田貝公昭編著　『不器用っ子が増えている　手と指は第２の脳』一藝社、2016年
谷田貝公昭・村越晃監修、髙橋弥生編集代表『しつけ事典』一藝社、2013年
横浜市教育委員会『横浜版学習指導要領　生活科編』ぎょうせい、2010年

（野川智子）

【解答】P.78 保育内容のワーク２

この文章から考えてみると、子どもたちは次のようなことを経験している。

３人で「アイドルごっこ」という共通の目的をもって遊んでいることから
→人間関係の内容（8）
Ａ児は折り紙で飾りを作っていることから
→表現の内容（7）
Ｂ児は文字を書いて、ポスターを作ろうとしていることから
→環境の内容（10）と言葉の内容（10）
Ｃ児は音楽に合わせて工夫して踊っていることから
→健康の内容（2）と表現の内容（8）

第3章
キャリアデザイン
保育者としての成長

次世代の教育・保育を担うみなさんにとって、
保育者となるあるべき自分の姿を考えましょう。
将来、みなさんが出会う子どもたちに感謝し、その子どもたちとともに成長
し、自らも自己実現に向かう保育者を目指して学び続けてほしいと思います。
自分が理想とする保育者像をデザインし、
教育を受ける者から実践する者になるために、
何を学ぶのかを考える糸口が実習の意義でもあります。
この章では、保育者を志すみなさんが実習の意義や目的を知り、
教育・保育に携わる者としての正しい目と豊かな心をもった
確かな保育者となるための学びを進めていきましょう。

1　保育者らしさ・教師らしさとは

先生と呼ばれる立場になること

　今日まで、様々な専門的な知識・技術を学び、子どもたちと向き合う姿勢や教育・保育について考えを巡らせ、着々と教師・保育者になる準備をすすめていることでしょう。まだ将来への実感がわかず、特に実習を行っていない人にとっては「先生」と呼ばれている自分の姿はいまだ想像できないかもしれません。

　「先生である」ということは一体どういうことでしょうか？

　幼稚園や保育所、小学校の先生になるためには、基本的な流れとしては、それぞれの大学や短期大学、専門学校等のカリキュラムに則り、幼稚園・小学校それぞれの教員免許状や保育士資格に係る規定の科目の単位を取得します（保育士資格は保育士試験に合格することでも取得可能です）。それぞれの免許状や資格を得たのち、公立の幼稚園・保育所・小学校であれば教員採用試験や各自治体の行う公務員採用試験等を受験し、合格した者は各自治体の園や小学校へ配属されることになります。私立であればそれぞれの園や小学校に対し、採用試験を受ける意思を伝えその合否により採用が決まるという流れが一般的です。

　つまり、免許状や資格を所持しているだけではなく、幼稚園・保育所・小学校などの働く場を得て、そこに関わる子どもたちの存在があって初めて「先生」としての仕事がはじまるのです。第1章「事例で学ぶ、教育・保育する心もち」において、「先生」と呼ばれる存在は子どもたちにとって様々な面におけるモデルであるということを自覚する必要がある点について述べています。

「子どもの最善の利益」とは？

　ところで、この職業を選んで勉強をしている皆さんは、なぜこの道を志望しているのでしょう。それぞれにきっかけとなったできごとや、大切にしたい教育・保育観をもって進んできたと思います。そしてどのような動機があるにせよ、大前提として、「子どもが好き」ということがあげられると思います。子どもに愛情をもって関わることができるというのは大切なことです。自分を好いてくれる子だけをかわいいと感じ、なかなか話を聞いてくれない子には愛情を注げない、ましてそれが態度や言葉に出てしまうなんていうことは、絶対にあってはならないことです。さらに、この道を選んだからには、ただかわいい子どもたちと楽しく関わっているだけではなく、楽しさの中にどのような教育・保育を行っていくかを常に考えて関わることが重要です。

　児童の権利に関する条約の基本原則として「子どもの最善の利益」を考えていくことが掲げられていますが、最善の利益の形は一つとは限りません。子どもたちが喜ぶままに、わがままを全て受け入れてしまうのは、一時的に子どもは楽しいかもしれません。しかし、子どもたちの将来のことや社会性のことを考えた時、「それはいけない」と伝えられることも、教員や保育者には必要な力だと言えます。

MEMO

....

....

....

....

....

守るべき職業倫理

　どの職業にもあるように、保育者や教員にも職業倫理が求められています。職業倫理とは、人間としての良識ある行動に加え、その職業である以上必ず守るべきことを指しています。そのことについて児童福祉法では、保育士としての信頼失墜行為があってはならないこと、守秘義務があることが以下のように述べられています。

　　第十八条の二十一　保育士は、保育士の信用を傷つけるような行為をしてはならない。
　　第十八条の二十二　保育士は、正当な理由がなく、その業務に関して知り得た人の秘密を漏らしてはならない。保育士でなくなつた後においても、同様とする。

　２つ目の守秘義務については、全国保育士会倫理綱領でも「4．私たちは、一人ひとりのプライバシーを保護するため、保育を通して知り得た個人の情報や秘密を守ります」と記されています。子どもたちと関わる職業は、子どもたちを適正に支援するために、それぞれの家庭の事情や子ども自身の身体・発達等に関すること等の情報を知り得ることがあります。それを第三者に話したり、他者の目のつくところに情報を放置したりすることがあってはならないのです。

　名前・住所・電話番号・生活状況・写真・発達や生活の記録等、あらゆるものが個人情報にあたります。公共の場や帰宅してから、個人情報にあたる事柄を話すのはもちろん、子どもの記録や実習日誌をそうした場で記入することも厳禁です。

　特に近年はＳＮＳの急速な普及、多様な活用方法により、誰もが手軽に情報発信を行えるようになりました。一人が発信できる人数はそれほど多くなくても、インターネットにつながっている以上は不特定多数の人々がその情報を目にすることができ、拡散されていきます。

　インターネット上に一度でものせてしまった情報や写真は、元となるページやアカウントを削除したとしても完全に消すことはできません。自分の意図しないところで拡散し続ける可能性があります。子どもたちや職場に関わる内容をＳＮＳにのせることは、絶対にしてはいけません。皆さん自身の情報も個人情報ですから、安易にインターネット上で発信することはやめましょう。これは実習中や就職後だけに限りません。過去にのせた情報から、思わぬ形で意図しない内容が広がっていくことも十分にありえます。子どもたちと自分自身を守るためにも、この守秘義務については細心の注意を払ってください。

MEMO

目指したい保育者の姿　保育者らしさ

　保育者とは、本来、子どもの生命と育ちにかかわっている人すべてを指し、家庭における親もまたその重要な存在です。ここでは、幼稚園や小学校において保育に携わる者を取り上げます。そこで、保育者らしさとは、どのようなものなのでしょうか。また、「らしさ」はどのようにすれば身につけることができるのでしょうか。幼児教育学者の倉橋惣三著『育ての心』には、保育者に求められるものが、次のような短い語り（実感書）で盛り込まれています。

> うっかりしている時
> その人の味はうっかりとしている時に出る。
> 　うっかりしている時に出る味ではなくては、真にその人のもち味とはいえない。
> 　教育の一番ほんとうのところは、しばしば、その人のもち味によって行われる。まして、相手が、いわば、最もいい意味で始終うっかりしている幼児たちである場合、我々のうっかりしている時が、いかに教育的に大切なはたらきをなしているかは考えられる以上であろう。
> 　うっかりいう言葉、うっかりする動作、出あいがしらに、うっかりと見せる顔。その時出る我々のもち味こそ……以下略
> 　　　　　　　　　　　　　　　　　　　　　　　　　　　　　　　　　　　　　　『育ての心』

　「子どもは、保育者を映し出す鏡」といわれる通り、保育者のあり方・姿は子どもの育ちに影響力を及ぼします。保育者は、保育する中で子どもという「相手を育てるばかりではな」く、「それによって自分も育てられてゆく」ものであり、子どもとのかかわりの中で常に成長することができます。「子どもらが帰った後」に「反省を重ねている人だけが、真の保育者になれる」のです。常に保育者としての自己や実践をふり返り反省する省察的な実践態度が保育者には求められます。

　子どもは、全身かつ全体で、しかも全感覚を通して、環境からの刺激を感じ取り、自己の内面と外面が一体となって成長・発達します。その援助をなす保育者も、子どもにとっては（人的な）環境そのものとなります。そのため、倉橋惣三が述べているように、保育者のもち味、すなわち保育者の姿・人間性が子どもに及ぼす影響が大きいことを、保育者自身が強く認識・自覚する必要があるわけです。保育者も子どもとともに成長し、自らの人間としてのもち味（「らしさ」）と人間性を高めていくことが、保育者に求められる第一の「心もち」となります。保育者には、保育の原点に立ち戻り、常に「子どもにとって」「子どもから」という視点をもち、子どもとかかわり、実践する保育者としての基本姿勢を問い直し続ける勇気が必要です。

　「自ら育つものを育たせようとする心」をもつ保育者は、「明るさをわかち、温かみを伝え、生命を力づけ、成長を育てる」「小さき太陽」のような存在であり、「いきいきしさ」をもって「子どもの心を育てて自らの心も育つ」保育者となることができます。

　　ワーク1　保育者（先生）の魅力とはどんな点にあると思いますか。

2　教育実習・保育実習に向けて

実習への心構え①

　それぞれの免許状や資格の取得に向けて学ぶ中で、一定の期間実際の保育の場や幼稚園、小学校に赴き、これまで学んだことを実践と結びつけて考え、実践を通して自己課題を見つけたりする、それが実習です。

　幼稚園・小学校それぞれの免許状取得のために「教育実習」、保育士資格の取得のためには「保育実習」を行います。いつの時期に、どの程度の日数、実習を行うのかについては、それぞれの大学・短大・専門学校（指定保育士養成施設）のカリキュラムによりますが、厚生労働省「指定保育士養成施設の指定及び運営の基準について」（2015）には、保育実習を行う時期は、「原則として、修業年限が２年の指定保育士養成施設については第２学年の期間内とし、修業年限が３年以上の指定保育士養成施設については第３学年以降の期間内とする」と述べられています。

　実習先を決める手続きや、実習前後に行うこと、実習日誌の書き方などは、それぞれの養成校における実習指導の授業や個別指導において行われることと思います。その中で、例えば提出期限の決まっている書類を準備する、指導担当の先生や実習先との面談日時等、守らなければいけない決まりや約束が多々でてきます。これらは一つでも見落としたり失念したりしてはいけない事項です。期限に間に合わせられなかった、ついうっかりしていた、は言い訳にはなりません。書類等はみなさんの実習を確実に行うために必要なものばかりですし、面談はみなさんのために相手が都合をつけてくださっている時間です。勝手な都合で変更したり忘れたりすることが絶対にないよう、スケジュール帳やスマートフォンなどを活用し自分なりのスケジュール管理方法を身につけておきましょう。

実習への心構え②

　実習先が決まったら、学びに行く姿勢として最低限、その学校や園について調べられることは調べておきましょう。近年は各学校・園がホームページを持っている場合が多くあります。ＳＮＳを利用して様々な取り組みを発信しているところもあります。そうしたところから、各学校・園の沿革や児童・園児のおおよその人数、教育理念や特色などを知ることができます。実習が始まると、学ぶことは日々多くありますので、せめて事前に分かることはしっかりと調べておき、学校や園の保育・教育活動を理解する下地作りをしておきましょう。

　幼稚園や保育所・小学校は、様々な養成校から実習生を受け入れ、日々教員や保育者の育成に尽力しています。現場の先生方は、実習生に対して「実習の中で多くを学び、将来すてきな保育者・小学校教員として活躍をしてほしい」と願い指導を行っています。実習生の中には、「良く頑張っている」という評価をいただく学生がいる一方で、「もう少し努力が必要」とご指導をいただく学生もいます。

　努力が必要と言われるケースの多くは、知識や技術に関することではありません。実習先が求めているのは、「あいさつができる」「決められた時間や約束が守れる」「謙虚な気持ちで学び続けようとする」「報告連絡相談を行うコミュニケーション力を身につけている」などの社会性と言われる能力です。これを読んで、いかにも簡単なことのように感じた人もいるかも知れません。しかし、同世代の友達に対してこれらのことができるということと、今後出会う様々な立場や気質の方々とこれらのことができることとは意味が違います。今、求められているのは、もちろん後者の力です。あいさつができていない、とご指導をいただいた学生の多くは「自分はちゃんとしたつもり……」と答えました。実際には、声は出してはいたものの、声が小さすぎる、相手と目を合わせない、歩きながら・作業しながらのあいさつだった等、あいさつをする意思も、誰に対してのあいさつなのかもはっきりしない状況でした。自分はしたつもりでも、相手には届いていないのでは「ちゃんとできた」うちには入りません。

　これから実習に入ることで、さらに就職してからも多くの人と関わりながら過ごしていきます。適切な人間関係を形成していくために、「私はちゃんとやった」「わかってくれない相手が悪い」と自分本位に考えるのではなく、周りの人たちとの関係や相手の気持ちにも配慮をしながら、心地よい関係をつくっていけるよう心掛けてください。

実習前

（1）養成校での事前指導を受ける

　各養成校で実施されている「各実習のオリエンテーション」「教育・保育実習指導」を受けておくことが大切です。実習指導に関する科目の設定の仕方は養成校によってさまざまですが、各実習に向けて重要な説明が、意義・目的に適って数回実施され、それも早い時期に行われています。各オリエンテーション日や指導日を確認して必ず出席・参加し、その説明を聞き漏らすことのないようにしましょう。

（2）実習園について理解する

　養成校の指導の下、各実習園への受け入れ依頼や手続き、園決定がなされていきますが、教育・保育の実習園である施設・学校は、地域の特色や園の規模、子どもの人数や特徴などによって実習環境がまったく異なります。各実習園の施設・学校自体の役割を知ると同時に、自分が実習に行く施設・学校の特徴や環境、人数構成、教育・保育目標（方針）などについても十分に理解しておく必要があります。※P.55「保育原理」参照

（3）実習園でのオリエンテーションを受ける

　実習を行う園（施設・学校）が決定したら、その園の概要（パンフレット、リーフレット、ホームページ等）を改めてよく読み理解を深めるとともに、実際に実習園を訪問してオリエンテーションを受けます。

（4）実習に関する手続きを行う

　実習をするためには、必要な手続きとそれにともなう書類作成があります。実施の仕方は養成校により異なりますが、学生個人票（履歴書）、健康診断書、細菌検査証明書などの書類を作成し整え準備し、実習園に送付したり、持参したりする必要があります。書類が準備できていないと最悪の場合、実習が取りやめになることもあるので留意しましょう。

実習中

（1）健康管理、衛生管理に気をつける

　教育・保育は「体が資本」であり、体力勝負です。少なくとも実習の1週間前には食事や睡眠リズムを整え、万全の体調で実習に臨むようにスタンバイしましょう。これは、みなさんが病気をしないということももちろんありますが、実習園（施設・学校）には抵抗力の弱い子どもたちもいます。幼稚園・保育所は子どもたちの命を預かり、また命を育む場所です。みなさんが子どもたちに病気をうつすことがないようにしてください。また、服装・身だしなみにおいても、清潔で動きやすい服装を心がけ、指輪やピアス、ネックレス、ネイル（マニキュアはしない）などの装飾品も実習中には外さなければなりません。身につける装飾品は自分のケガにつながることはもとより、子どもを傷つけることもあり、衛生管理や安全管理の面で非常に問題があります。また、清潔のために爪は短く切り、髪型・髪色にも留意しましょう。自分自身の衛生を土台に保育者・実習生は、子ども一人ひとりの安全管理と衛生管理に留意するとともに、日常の教育・保育活動の中で環境全体の配慮も行いましょう。

（2）時間を守る

　時間を守ることは社会人としての基本的なマナーです。実習園でのオリエンテーション訪問等で指定された時間の説明を受けた場合は、指定時間にピッタリに到着すればいいということではありません。指定時間より余裕をもって対応できるようにしなければなりません。教育・保育活動中のことであれば、それまでに部屋の換気や遊具や園庭の環境整備などができていないといけません。自分自身の指導・実践であれば、事前に実習担当の先生方に指導・確認・許可（報告・連絡・相談）を受け、余裕をもって活動準備・身支度等を済ませておく必要があります。

（3）欠勤や遅刻、早退は速やかに連絡をとる

　実習での遅刻、無断欠席は禁物です。通勤時は自宅から実習園までの所要時間（ラッシュ時も想定しておく）

を前もって調べておき、遅刻をしないように余裕をもって自宅を出るようにしましょう。しかし、ときには病気になったり公共交通機関の事故・遅延に遭遇したりすることが想定できます。もし、遅刻や欠勤をしそうな場合には速やかに実習園に連絡をとり、今・現在の状況を誠実に伝え、その場での状況・判断について相談・連絡しましょう。また、養成校の実習担当部署や実習指導者にも同様に連絡しましょう。

欠勤・遅刻した事後は、出勤したときに園長先生をはじめ主任、実習担当の先生にきちんとあいさつしましょう。また、不足した日数・時間分の延長実習を申し出ましょう。その場合も、養成校の実習担当部署や実習指導者にも連絡しましょう。

（4）さわやかな心地よいあいさつと言葉づかい

あいさつは人間関係の基本です。とくに保育者は子どもだけではなく、子どもの保護者や同僚など多くの人とかかわります。「おはようございます」「ありがとうございます」「失礼します」「すみませんでした（申し訳ありませんでした）」「子ども：さようなら（先生方：お先に失礼いたします）」などと、さわやかな大きな声で、また時・場所、立場を考えて心地よいあいさつをしましょう（保育者も子どもに「お・あ・し・す・さ」のあいさつを指導する立場です）。

呼ばれたときや、何かを頼まれたときは、「はい」と返事をしてすぐに行動に移りましょう。

実習生として、子どもの前に立ちかかわれる喜び、園の先生方に「指導していただける」という感謝の気持ちを忘れずにいると、自ずと言葉遣いも丁寧になります。実習生も園生活・学校の中では「先生」として子どもたちと生活します。保護者や来客者に対しても、失礼のないように礼儀正しく対応できるように心がけましょう。言葉遣いは、実習が始まってから気をつけるだけではうまくいきません。日常生活の中で、丁寧な言葉遣いを心がけましょう。

クッション言葉

会話をより心地よく柔らかく印象づけるために、「恐れ入りますが」「失礼ですが」といった言葉を、会話の中に入れることで耳触りのよい会話が生まれます。

例：
- 恐れ入りますが……
- 失礼ですが……
- 申し訳ございません
- あいにくですが
- おさしつかえなければ
- お手数おかけいたしますが
- 大変勝手で恐縮ですが

＊必要以上に多用するのは不自然であり、相手が不快に感じることもあるので注意しましょう。

P.108〜111の引用・参考文献

厚生労働省『指定保育士養成施設の指定及び運営の基準について』2015年

小泉裕子・田川悦子編著『幼稚園実習　保育所実習のMind & Skill —実習力から実践力へ—』学芸図書、2008年

茗井香保里編著『幼稚園・保育所・施設実習　子どもの育ちと安全を守る保育者をめざして』大学図書出版、2017年

谷田貝公昭編集代表『新版・保育用語辞典』一藝社、2016年

(5) 謙虚に学ぶ態度をもつ

みなさんも教育・保育実践に向けてさまざまな準備をし、子どもたちの生活や遊びの援助、実習日誌を書いたり、指導案を作成したりと忙しく有意義な実習となることでしょう。しかし、現場で実習生の指導担当となる先生方は、通常の業務をしながらみなさんの指導に当たっています。その点を忘れずに、実習は常に「させていただいている」ということを忘れずに、礼節をわきまえ謙虚な態度で実習に取り組みましょう。また、指導や注意を受けた場合には、素直にそれを聞き入れ改善のための努力をしましょう。養成校での事前授業・指導の内容と実習園（現場）での指示が異なる場合は、基本的に実習園の指導担当の先生方の指示を優先しましょう。

(6) 実習日誌を毎日必ず提出する

実習日誌は自分自身が保育者になったとき、また自分の部分・責任実習などで指導計画を作成するとき貴重な資料となるものです。さらに、目標をもって実習一日一日を取り組んだ学びの形跡・記録となる同時に、実習終了後に自分自身の実習内容をふり返る際に、次の実践や実習に生かすための準備や課題設定にも利用できる大切な記録です。したがって、実習記録は、自己の課題を明確にし、実習生自身が教育・保育の場において体験したり、実践したりしたことを記録に残し、教育・保育の内実をよりよく学んでいくものです。そこには、子どもたちの姿・成長や、子どもたちに対する保育者の援助の仕方、対応の仕方、一日の保育・教育の流れなどが記入されている学びの形跡と証が蓄積されます。

【実習日誌記入の留意点】
・養成校や実習園で指導されたことを遵守（じゅんしゅ）しましょう。
・読み手（相手）を意識して丁寧に記述しましょう。
・字の大きさや句読点の打ち方、誤字脱字がないように留意し、何度か記述を見直し読み返すようにしましょう。
・話し言葉（口語調）は用いないようにしましょう。
・反省点においてはマイナスのことばかりではなく、ふり返って実習生自身が成長したと実感できたことや前向きに学ぶことができたことなども記述しましょう。
・提出期限を厳守しましょう（指導していただけることに感謝し提出しましょう）。

実習日誌で間違えやすい漢字	
○正しい	×間違い
促す	促がす
お絵描き	お絵書き
楽譜	楽符
座る	座わる
接する	接っする
積み木	積木
出来栄え	出来映え
掘る	堀る

実習日誌でよく使う漢字	
挨拶（あいさつ）	援助（えんじょ）
掃除（そうじ）	機嫌（きげん）
休憩（きゅうけい）	排泄（はいせつ）
配慮（はいりょ）	配膳（はいぜん）
帽子（ぼうし）	午睡（ごすい）
誘導（ゆうどう）	支度（したく）
連携（れんけい）	授乳（じゅにゅう）
雑巾（ぞうきん）	廊下（ろうか）

（7）積極的にかかわる姿勢をもつ

　教育・保育現場にかかわることはすべてが学習となり、積極的な学びとなります。

●子どもたちの遊びや生活に自分からかかわりましょう。

●先生方からの指導や助言をよく聴くこと、先生方の言葉や行動をよく観察すること、疑問に感じたらすぐに尋ね確認しましょう。

●遊具や玩具の配置など遊びのための環境構成から安全・衛生管理のための清掃や環境整備などを含め、全体としての環境構成についてよく学びましょう。

　ワーク2　実習日誌を書く意義は理解できていますか。実習日誌を書くためには留意しなくてはならないこととはどのようなことがありますか。

実習後

（1）実習園へお礼状を書く

実習で指導を受け、お世話になったお礼・感謝の気持ちをこめて実習園にお礼状を書きましょう。あまり期間が空いてしまうと意味がありません。実習後は、速やかにお礼状を書きましょう。3章 P.122 参照。

（2）実習日誌の点検をする

　実習日誌は毎日実習園に提出しますが、実習最終日の記録の記入が終わったら、「実習のまとめ」を記述し、実習日誌の記入の不備や欠損ページ（抜け落ちていた実習日記録）がないかを丁寧にチェックし、実習園に提出します。その後、実習園から実習日誌が返却されたら、どうような指導がされているか（施設長、園長、校長、実習担当等の所見）を必ず確認し、自己改善の資料や励ましとします。

（3）事後指導・実習報告会

　養成校では実習終了後、学生は実習日誌（実習報告書、レポート、自己評価等）を提出し、それに基づいて実習後の指導を行います。改めて実習をふり返り、自分の体験をまとめて整理したり、実習報告会を開き、自分の現状を自覚し、今後の課題を発見したりするなど、あなた自身の保育者としての成長を確認・共有します。

保育実習

　厚生労働省が示す指定保育士養成施設における「保育実習実施基準」によれば、保育士資格を取得するためには、次のような実習が義務づけられています（各養成校により異なります）。

実習名称		実習施設	期　　間
保育実習Ⅰ	必修	保育所	おおむね10日間
		保育所以外の児童福祉施設など	おおむね10日間
保育実習Ⅱ	選択必修	保育所	おおむね10日間
保育実習Ⅲ		児童厚生施設または知的障害児通園施設など	

保育所実習

　保育所は、保育を必要とする子どもの保育を行い、入所する子どもの健全な心身の発達を図ることを目的とする児童福祉施設であり、子どもの最善の利益を考慮し、その福祉を積極的に増進することにふさわしい生活の場を提供するものです。さらに地域における子育て家庭に対する支援を行うことが求められています。このような保育所の役割を担うのが保育士です。また、保育士の仕事は、子どもが望ましい方向に向かって自ら活動を展開できるように支援することが仕事です。

　保育所実習はその保育士の資質を培うために行われますが、その目的は、「保育実習は、その習得した教科全体の知識、技能を基礎とし、これらを総合的に実践する応用能力を養うため、児童に対する理解を通じて保育の理論と実践の関係について習熟させることを目的とする」と、保育実習実施基準に示されています。

施設実習

　保育士資格の取得を目指して養成校で、実際に保育士の活動と接する学びの場が「保育実習」という取り組みになります。その保育実習は保育所と社会福祉施設での実習が必要です。ひとくちに社会福祉施設といっても、その設置目的や機能・役割の違いによってさまざまに異なります。その中で主に施設実習の対象となるのは、保育所の他乳児院、母子生活支援施設、障害児入所施設、児童発達支援センター、障害者支援施設、児童養護施設、知的障害児施設、肢体不自由児施設、重症心身障害児施設、情緒障害児短期治療施設、児童自立支援施設、知的障害者更生施設などがあります。

施設実習での子どもの対象年齢は、基本的に0～18歳未満ですが、知的障害児施設や重症心身障害児施設の中には、児童福祉施設といっても入所者の平均年齢が20歳を超えている施設もあります。このような福祉施設にも多くの保育士が働いていて子どもたちに対して大切な仕事をしています。保育士の資格取得の過程で、福祉施設の実習を行うことの意味を理解し、子どもたちを護り育てるための専門性という保育士の仕事の本質は、保育所でも施設でも変わりなく、健常児に対しても障害児に対しても変わりないことを実習で学びましょう。

ワーク3　調べて特徴を書いてみましょう。

主な社会福祉施設	特　徴（どのような施設ですか）
乳児院	
児童養護施設	
知的障害児施設	
肢体不自由児施設	
重症心身障害児施設	

教育実習とは

　幼稚園、小学校、中学校、高等学校、中等教育学校、特別支援学校および養護教諭、栄養教諭になるには、格校種ごとの教員免許状が必要です。中学校・高等学校・中等教育学校は教科ごとの免許状になります。教員免許状がないと、これらの学校において教えることができません。このことから、教育実習は、将来教職に就くことを前提として成立する実践的な学びであり、教員養成課程（教員免許取得）の一環として、学校教育に従事する教員の職務ないし役割を理解することになります。

　教育実習において、みなさんは教育実習生として幼稚園・小学校・中学校・高等学校に勤務し、教員の職務の一部を実際に担当することになります。この体験は、将来、教員として学校教育に従事し、期待されている職務を果たしつつ自らの教育への理想を実現する第一歩となります。教員になるということは、それぞれの発達段階にある幼児・児童・生徒に対する教育的働きかけを通して、子ども一人ひとりの望ましい人間形成を促すことができる専門的な実践者になることであり、教員養成課程はそのような教員を育成するための課程として構成されています。

幼稚園実習

　幼稚園教諭の免許を取得するためには、「教育職員免許法施行規則」第6条に規定される所定の単位を履修しなければなりません。その中で実習は5単位を修得することとなっています。「幼稚園実習に係わる事前・事後指導」が1単位、「幼稚園実習」が4単位です。幼稚園実習4単位では、4週間の実習が行われます。この教育実習は、幼稚園教諭となるための必修科目として位置づけられています。

　教育実習の重要性もやはり保育者として、保育を実践する力を体得することに、実習の意義があるといえます。保育の理論や技術を授業の中で学び、それらが実際の幼稚園の現場でどのように実践されているのか、また自分がどのように実践したらよいのか、「なすことによって学ぶ」実習は、たいへん有意義なものです。幼稚園で生活する子どもたちと実際にかかわり、子どもへの理解を深め、そこで保育に携わる保育者の姿に学びながら自らも体験し、保育の実践力を身につけていくことが実習です。

小学校実習

　教育実習では、学校、学年、学級、授業、学級担任、一人ひとりの子ども、その一つひとつに固有の意味があることが理解され、教育的な指導の重要性が実感をもって確認される機会・学びとなることでしょう。

　小学校の教育実習において、学校教育を構成する各教科・特別の教科道徳・外国語活動・総合的な学習の時間・特別活動の各領域の学習指導（授業実習、研究授業）が最も重視されます。原則的には、実習生に一人の指導教員がつき、特定の学級（指導教員の学級）を対象に全教育活動を指導・担当します。教育の実際の現場で、指導教員の指導のもと、指導教員に見守られながら、教員の仕事のほんの一部を体験することになりますが、その体験によって、自分に教職が向いているかどうか、あるいは教職の仕事を本当に一生の仕事として好きであるかどうか、実感としてわかります。

　　ワーク4　実習に向けて、課題や目標を設定してみましょう。

ワーク5　なぜ、あなたは保育者を目指したいと思ったのですか。あらためて、ふり返ってみましょう。

3 現場・先輩保育者の声

みなさんの実習を迎える現場である、幼稚園、保育所の先生と実習を終えた先輩からの応援メッセージを集めました。幼稚園や保育所等の実習ではどんな心構えが必要なのか、ヒントを見つけてください。

教師という仕事（幼稚園　園長）

教師の仕事は、"子どもという人間"を相手にする仕事です。

もちろん、人間を相手にする仕事は他にもあります。しかし、学校の教師は他の仕事と異なっているのは、人格の完成を目指し子どもの成長を支えるという、仕事の目的ははっきりしていても、どうしたらそれを達成できるのかの明確なマニュアルがないことです。

今年うまくいったからといっても、来年もその通りにやればうまくいくという保障はどこにもありません。また、ある子どもには通用したやり方が、他の子どもにはまったく通用せず、かえって逆の効果をもつということさえ起こります。ベテランの教師でも、新しい学年・学期が始まるときには、どんな出会いが待っているのかという期待と不安でいっぱいになります。

そうした子どもたちとの出会いと、一年間の日々の生活の中では、さまざまなできごとが起こります。教師、とくに若い教師にとっては、その一つひとつが学びであり、いい思い出になるはずです。ぜひ、保育・教育する勇気をもって、本気で子どもたちにかかわってください。きっと子どもたちはあなたに応えてくれるはずです。

書くことによって成長する自分（幼稚園教諭　勤続8年）

教師の仕事のほとんどは、子どもとの間断ない対応です。子どもに対する教育場面では、その時、瞬間瞬間の判断と行動の選択が迫られます。教師になり立てのころ、子どもの困難な事実に直面し、どうしてよいのかわからず立ちすくむような場面で目のあたりした先輩たちの対応が、的確な判断をもとにした行動だったことに感心したものです。「いつかはあんなふうになりたい」と仰ぎ見るモデルがあったことは幸せでした。先輩たちの姿を観察しながら、じっくりと教育の手ほどきを見せていただき学ぶことができました。そして、先輩から学べたことは記録し、実践記録として自分の実践を記述し、分析し考察を加え意味づけしたものに残せました。

ある子どもに注意をした場面を例にとると、「ダメでしょ」といった言葉一つでも、子どもにはどう響いたかが考えられるようになります。声の大きさやトーン、表情、周りの雰囲気を考えると、自分の言葉や対応を吟味することになります。また、教師の働きかけは必ず子どもによって呼応し、働き返されますので、その吟味は子どもの反応の深い観察と結びつきます。そのようにして自分の対応を省察することになります。

このような実践記録を取ることを実習場面に重ねてみると、記録を取ること、すなわち実習日誌を書くことは、教師としての自己形成の確かな保障になります。そして、それは教師の専門性に根ざしたふり返りにもつながります。教師にとって実践記録を書くこと、実習生にとって実習日誌を書くことは、同僚・先輩と学び合い、自分をふり返って考えを深め教師として成長することにつながります。

保育を楽しもう（保育所　園長）

さぁ、いよいよみなさんは保育・教育に関する実習が始まります。きっと緊張や不安、期待、希望、願い……いろいろな想いが交錯していることでしょう。たしかに、先輩保育者に交じって保育・教育をし、そのうえ指導・評価を受けるという状況の中で、「保育を楽しむ」ことの余裕なんて考えにくいことかもしれませんね。しかし、実習でいちばん大切なのは、知識や良い評価を得ることも大切でしょうが、まず「保育ってやはり素晴らしい」「子どもってすてき、おもしろい、いとおしい」、そう心から思える体験・経験をすることでしょう。せっかく、保育・教育の現場に来ているのですから、「保育

を楽しむ」中で、自分で課題をもち、判断し、行動しましょう。

　子どもたちにとってみなさんは実習生ではなく、すでに「先生」です。先輩保育者と違うのは、保育・教育に関する経験則と、実習生にはまだまだ失敗が認められることです。もちろん、そこには「ホウ（報告）・レン（連絡）・ソウ（相談）」という大原則がありますが、失敗を恐れず、むしろ苦手なことこそ積極的にチャレンジ、トライして欲しいものです。実習の学びにおいて、その一つひとつを丁寧に、意欲的に取り組むことで、子どもたちはきっとあなたに信頼を寄せるでしょうし、あなたも子どもたちの心を受けとめられるようになることでしょう。

　そこから生まれる喜びや感動は、保育や教育でしか得られることができません。せっかく新鮮な知識や若さとやる気をもって子どもと接するのですから、大いに子どもたちや先輩保育者に学べることを楽しみましょう。どうぞ期待を胸に保育者へのはじめの一歩を踏み出しましょう。

子どもたちとともにいきいきとした保育者を目指しましょう（保育所　園長）

　保育者になろうとする若い人たちを、教育・保育現場では期待をもって受け入れます。実習生の存在は園にとって、ときに風穴をあけてくれる存在となります。いつの間にか意欲が低下し、マンネリ化しがちな現場に「初心に戻る」新鮮な息吹・メッセージを吹き込んでくれます。もう一度若返ることができ、有難いことです。

　子どもたちの命を守り、心を育むという一瞬たりとも気を許すことなくのできない多忙な仕事の中で、実習生の指導にあたるのは努力を要するのですが、可能な限り優れた後継者となり、先輩たちを乗り越えていってほしいと願っているからです。

　実習生に望みたいことは、子どもとの出会い、子どもの背景にある保護者、さまざまな個性をもつ先輩保育者との出会いに胸をときめかせ、実習生の存在が子どもにとって、どんな印象を与えるかことができるだろうかと、愉しむ心をもってほしいです。

　まじめさは美徳の一つですが、私たちが求めたいのはユーモアのセンス、子どもたちの言動の一つひとつに共に喜び、悲しみ、悩みなどに一喜一憂し、感性豊かに心がはずむこと。子どもを動かし、まとめるという保育技術ではなく、愉しさ、厳しさ、大変さを実感しながら子どもを深く理解し愛する気持ちを学んでください。

　あなた自身が目指す「保育者になりたい」という想い・夢を温かく受け入れる子どもと保育園、幼稚園です。自分の目指しているものを確かめ、自己実現のための実習にしましょう。

一に謙虚、二に努力のすてきな実習に（実習を経験した在校生）

　実習指導を受け「実習とは」という意義については学んだものの、右も左もわからないまま、実習が始まりました。「笑顔で！明るく！あいさつを！指導は謙虚に受ける！返事はしっかり！」を心がけました。何もわからない場合は「わからないのですが」と率直に質問するほうがよいと思いました。先生方は優しく、ときに厳しく丁寧に指導してくださいました。「引き出しが少なくても、これから増えていきますよ」と、励ましてくださいました。子どもたちとたくさんふれ合い、あらためて自分は子どもが好きなのだと強く感じ、保育者を目指す気持ちがふくらんだすてきな実習となりました。

書く力と課題発見力が身についた実習（実習を経験した在校生）

　実習日誌の量、責任実習の立案にとても苦労しました。1分1秒単位で書くといっても過言ではないくらい、細かく書きました。子どもの活動、保育者の援助、実習生の動き・気づき・考察を書いたので、今でも日誌を見ると当時の実習の様子が鮮明によみがえります。日誌を詳細に書く力がつきました。責任実習では運動ゲームを行いました。大人数を広い場所で動かすことはたいへん難しく、いろいろ課題が見つかりました。事前に留意点を数多く想定して、多方面から物事をとらえることの大切さを学びました。

4　実習礼状の書き方

　現在は電話やメールで用件を伝えることが多くなりましたが、改まった場面では、手紙を届けることも必要です。特に依頼やお礼の場面では、心を込めた手書きの手紙を書くことが大切でしょう。また手紙には、伝統としての書式・マナーがあります。実習礼状を例として、基本的な手紙の書き方について学びましょう。

手紙を書く上で大切なポイント
○黒のボールペン、あるいは万年筆を用いて書くこと。
　途中で間違ってしまった場合も、訂正したり修正液などを使用せず、必ず書き直しをしましょう。
○封筒・便箋は白色のものを用いること。
　改まった書式では、縦書き用の封筒・便箋が好ましいです。カラーや柄のあるものは避けましょう。いわゆる「茶封筒」は事務的な手続きに用いるもので、私信には避けましょう。
○礼状はできるだけ早く出すこと。
　手紙は届くまでに時間を要します。実習礼状の場合は、実習が終わってから二週間以内に届くようにしましょう。
○宛名を正確に書くこと。
　園名・校名などは略さずに書きます。郵便番号がわからない場合は必ず調べて、住所も省略しません。特に宛名の漢字を間違えるのは失礼です。しっかり確認してから書きましょう。
○できる限り「丁寧に書く」こと。
　達筆に書くことも大切ですが、丁寧に時間をかけて書いているかは、筆跡から読み取ることができます。相手が読むことを意識して、心を込めて書くようにしましょう。細かすぎる字や癖の強い字は印象がよくありません。

MEMO

手紙の構成

前文 ……要件に入る前の挨拶

　　頭語＝「拝啓」（結語「敬具」との組み合わせ）が一般的です。

　　時候の挨拶＝例えば、5月なら「新緑の候」、10月なら「さわやかな秋晴れが続いております」など。季節を感じることばから書きはじめます。形式的な文言はインターネットなどですぐに調べることができますが、差し出すその日・その場面に合った内容を書くことが、気持ちを伝えるコツです（「○○山の新緑がまぶしい季節となりました」「台風一過の晴れやかな空が広がっております」「都会で降る雪に子どもたちの笑顔が浮かびます」といったように）。

　　安否の挨拶＝相手の様子をうかがい、こちらの近況をごく簡単に伝える。

主文 ……要件を記入する

　　用件を伝える＝実習礼状としては、印象に残ったこと、先生方の指導のこと、子どもたちとの関わり、部分実習や責任実習の反省など、なるべく具体的に詳しく書きましょう。

　　字配りに気をつける＝ことばの途中で改行しないように字配りに気をつけて書きます。相手方の名前が行の終わりにこないように注意します。

末文 ……手紙を終える挨拶

　　改行して用件をまとめます。実習礼状としては重ねてお礼を述べ、今後の抱負を伝えるとよいでしょう。

　　結語＝「敬具」が一般的です。書き忘れやすいので注意！

後付け ……日付、差出人名、宛名

　　日付は月日だけでかまいません。差出人名は下揃えで書きましょう。横書きの文章の場合は冒頭に宛名を書きますが、縦書きの場合は自分の名前の後、最後に宛名を書きます。宛名は他の文字よりも大きく、はっきり書きましょう。次のページの例を参考にしてください。

MEMO

実習礼状の例

【末文】
今回の実習を通じて、将来保育者になりたいという思いが一層強くなりました。この体験を生かし学業に励んでまいります。今後ともご指導をよろしくお願い致します。
最後になりましたが、終始温かくご指導いただきました担当の〇〇先生をはじめ諸先生方にもよろしくお伝えください。本当にありがとうございました。

敬具

【後付け】（書き忘れないようにしましょう）

八月十一日

〇〇大学〇〇学部
（名前）〇〇〇〇

〇〇〇園園長
◇◇◇◇先生

※縦書きの場合は宛名は最後に書きます。最初に宛名を書く書き方は、親しい方に向けてです。

第3章 キャリアデザイン 保育者としての成長 125

便箋の右から書き始めます。

【前文】

拝啓　立秋とは名ばかりの厳しい暑さが続いておりますが、先生方におかれましてはお変わりなくお過ごしのことと存じます。
　この度はお忙しい中、(○○)実習をお受け入れいただき、ありがとうございました。(○)週間という短い間でしたが、園長先生をはじめ先生方には丁寧なご指導をいただき、心より感謝申し上げます。

ことばの途中で改行しないようにしましょう。
行末はそろわなくてもかまいません。

【主文】

　保育の現場では、‥‥‥‥
　また責任実習では、‥‥‥‥

主文には、実習を通して印象に残ったこと、指導を受けた上で感じたことを具体的に書きます。
手紙では、前文と末文はどうしても形式的になりがちですので、主文で心を込めた感謝を伝えましょう。主文は、全体が2ページ以上になるように、10行以上はあるとよいでしょう。

□封筒の書き方

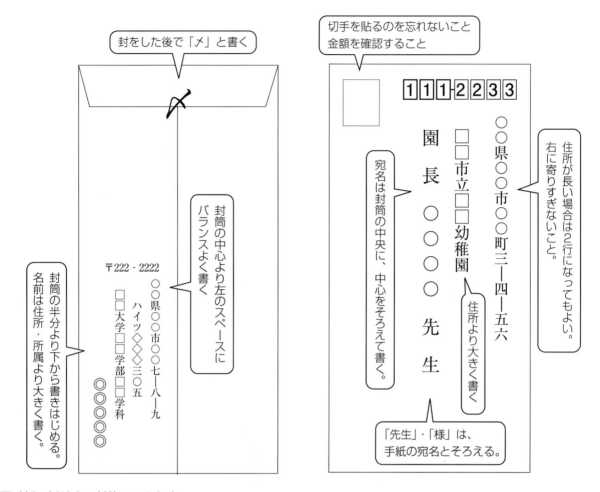

□手紙の折り方、封筒への入れ方
　便箋は三つ折りにして封筒に入れます。最初に下三分の一を上に折り上げ、次に上三分の一を下に折って三つ折りにします。封筒への入れ方は、封筒の裏からみて、手紙の書き出しが右上になるように封入します。

MEMO

5 就職活動のための自己分析―将来を見据えて―

　ここでは、これまでの人生をふり返り、自分自身に対する理解を深めていきます。自分を見つめ直すことで、自分がどんな職業に就くことができるのか、将来に向けていま何が足りないのかを考えていきましょう。こうした自己分析は就職活動（あっという間にその時は訪れます）において、「履歴書」や「自己紹介書」を書くときの心構えになります。就職活動時の「履歴書」、「自己紹介書」はあなたを映す鏡です。いまからしっかり準備をして、将来を明確に描けるようになってください。

【自己分析ワーク1】これまでのふり返り
これまで自分が努力してきたこと、熱中してきたことをふり返り、書き出してみましょう。
そのなかで自己PRに使えそうなものは、具体的なエピソード・経験も書き出しましょう。

大学生活

部活・サークル

高校

中学

アルバイト

趣味・特技

その他

【自己分析ワーク２】自分の長所・短所を知る

自分の長所・短所を思いつくまま書いてみましょう。思いつかない場合は、周りの友人に聞いてみましょう。自分でも気づかないことがあるかもしれません。また長所についてはその具体的なエピソードを書きましょう。短所については、ポジティブなことばで言いかえをしてみるとよいでしょう。

自分の長所

自分の短所

【自己分析ワーク３】自己PR文を書く

自己分析ワーク１、２をふまえて、自分をPRする文章を書いてみましょう。

【自己分析ワーク４】将来の夢について
将来の夢として、どんな職業に就きたいと考えていますか。その理由についても書いてみましょう。

【自己分析ワーク５】職業人としてどのように生きていきたいか（例：どのような教育者・保育者になりたいか）
将来、その職業でどのように働いていきたいと考えていますか。その理由についても書いてみましょう。

【自己分析ワーク６】夢の実現に向けて
その職業に就くために、現在の自分にできること、残りの学生生活で何をする必要があるのかについて、目標を書き出してみましょう。

6 社会参加してみよう　ボランティア活動、サービスラーニング・インターンシップ

ボランティア活動

　近年、教育実習や保育実習などの学外実習に加え、ボランティア活動が重視されています。学校では体験できない貴重な経験を積むこともできます。地域社会とかかわりを持つことはきっと自分自身を成長させてくれるきっかけとなるでしょう。実習とは異なり、少し肩の力を抜き、リラックスして現場に入っていくことができるかもしれません。実習前にボランティア活動を行えば、プレ実習の意味もあり、スムーズに実習に臨めるかもしれません。授業等で忙しい毎日だとは思いますが、時間を捻出し、できるだけボランティア活動に積極的に参加してみましょう。

　ボランティア活動を行う際にはいくつか気をつけたい点があります。例えばボランティアはあくまでも自主的な活動ですから、勉学等に支障が出てはいけません。あくまでもゆとりを持った参加が大切です。また、ボランティアとはいえ、保育現場や施設等に出かけていくわけですから、現場のスタッフや子どもたち、利用者に迷惑をかけてはいけません。きちんと責任感を持って活動をしましょう。ボランティア活動の際に様々な個人情報に触れることもあるかもしれません。個人情報は家族や友人などの他人には決して漏らさないようにしましょう。ボランティア活動をするにあたってはボランティア保険等の保険に加入することが大切です。ボランティア中に起きるかもしれない事故に備えて必ず加入しましょう。

サービスラーニング

　近頃は、上で述べたボランティア活動を継続することで大学の単位として認められるケースも増えてきました。「サービスラーニング」と呼ばれる制度です。ボランティア活動が単位として認定されるのか、単位として認定されるためにはどのくらいの参加時間が必要であるのか等は、養成校によって違います。単にボランティア活動に参加するだけではなく、体験した内容をレポートにまとめ、報告する必要もあるかもしれません。ボランティア活動を単位として認定してもらいたいと思った場合は、制度の有無等を学校の先生に相談してみましょう。

インターンシップ

　実習ともボランティア活動とも異なる社会参加として「インターンシップ」があります。いわば職場体験です。将来自分が就きたいと思っている職場において、実際に就業をするものです。インターンシップ先は、幼稚園、保育所、小学校、施設、企業など様々です。この体験を通して、自分が考えている進路が本当に自分に向いているかどうか検討する貴重な機会にもなります。このインターンシップも上のサービスラーニングと同じように、皆さんの通う学校によって参加の仕組みが異なります。制度そのものがあるのかどうか、もしある場合はどのように参加したらよいのか、学校の先生に相談してみましょう。

7　初年次のふり返り

ここまで、養成校で学ぶために必要な知識やスキルを学んできました。半期（1年間）をふり返り、目標が達成できたかどうかチェックして、これからの学生生活、各実習に生かしましょう。

（1）授業の取り組み

あなたは授業とどのようにかかわりましたか。あてはまるもの1つにチェックしましょう。

①とても熱心に学ぶことができた　　　　　☐
②ある程度は熱心に学ぶことができた　　　☐
③あまり熱心に学ぶことができなかった　　☐
④まったく熱心に学ぶことはできなかった　☐

この授業に関するふり返りです。自由に書いてみましょう。この授業でとくに印象に残った内容を1つあげ、その理由も書いてみましょう。

（2）自己診断

　半期（もしくは1年間）のふり返り、自己評価をしてみましょう。

チェック：あてはまる項目に○をつけましょう。

No.	各項目の内容	自己評価
1	学生生活が楽しい。	
2	学生生活の中で友人が5人以上できた。	
3	先生（クラスアドバイザー、授業担当の先生、それ以外の先生）と直接、話をした。	
4	養成校の歴史・教育理念（建学の精神）・創立者（学長・校長・学部長・学科長）のことを覚えている。	
5	取得したい免許・資格を決めている。	
6	教室以外に自分の居場所（サークルや部活動など）がある。	
7	授業にはほとんどすべて出席している。	
8	毎日1時間以上、実習（復習・予習）している。	
9	講義・授業を十分に理解できる。	
10	テストでは納得のいく答案が書ける。	
11	指名されたときは、大きな声で発表・応答できる。	
12	人前で堂々と発表（プレゼンテーション）できる。	
13	図書館で探したい本やネットで必要な情報を見つけることができる。	
14	本の内容を正確につかむことができる。	
15	学期間に教科書以外の本を5冊以上（1年間に10冊以上）読んだ。	
16	調べたものを整理したり、レポートにまとめることができる。	
17	提出物は期限までに提出している。	
18	仲間と協力して作業（グループ活動）ができる。	

＊自己診断：○が多いほど、学生生活は順調です。また、学ぶ上での基本的な事柄も習得しているようです。養成校に入学したときの目的・目標を確認して、今後もこの調子で学生生活を有意義なものにしましょう。

　　あなたは、この半期（1年間）でどんな力が身につきましたか。書いてみましょう。

（3）今後の学生生活
　1年次で学んだことは、今後の学生生活の土台となります。今後の学業生活をしっかりとイメージして、将来の夢である保育者を目指しましょう。

主体的に学び続けるために
　養成校で学生生活を送る中で、そのときどきの課題に気づき、これまでに学んだ知識や技術を生かしながら、さらに主体的・自発的に学ぶことが求められます。できるだけ自分から進んで学べるようにしましょう。また、一人で学ぶのでなはく、同じ夢、目標をもった仲間や友だち、そして先生とともに学ぶ楽しさも味わいましょう。養成校での学びを高め、よりよい保育者を目指す上で、大切なことは主体的に学ぶことです。

"Kommt, laßt uns unsern Kindern leben!" （F.W.A.Fröbel）

「さあ、わたくしたちの子どもたちに生きようではありませんか！」

（フレーベル）

遊び・学びのワーク②

遊びながらふれ合いながら学びましょう

「よく学び、よく遊べ」と、昔からよくいわれるように、子どもの遊びは生活であり、そのまま学習です。保育者となるみなさんも「元・子ども」としての表情で体を動かしたり、声を出したり、簡単なゲームをしたりして遊びを楽しむ学びをやってみましょう。

遊び1 「おーちた　おちた」

ねらい　楽しく遊びながら、判断力や表現力などを育てます。
①これは、保育者との"かけあい"ごっこです。
　　保育者「おーちた、おちた。」
　　子ども「なーにがおちた。」
　　保育者「りんごがおちた！」
　　子どもたちは、その場で落ちたりんごを拾う表現をします。
②保育者「おーちた、おちた。」
　　子ども「なーにがおちた。」
　　保育者「かみなりがおちた！」
　　子どもたちは、あわてておへそを両手でおさえる表現をします。
③保育者は、わざと落ちないものをまぜて、子どもたちをまごつかせます。
　＊落ちたものの名称は、子どもたちに聞きとれるように、はっきり言いましょう。

遊び2 「仲よしあて」

ねらい　遊びながら、すばやい連想力を育てます。
①全員（クラス）を円形またはコの字形に並べます。
②保育者が真ん中に入り、次のように「仲よしあて」のやり方を説明します。
　　「これから『仲よしあて』をしましょう。仲よしさんは、いつもいっしょにいますね。先生がこれから言うものと、とても仲よしさんの名前をあててください。
③はじめに、一つ、二つ練習をします。
　　たとえば、「雨の仲よしさんは？」「かさ！」、「茶わんの仲よしさんは？」「はし！」、「グローブの仲よしさんは？」「ボール！」などのように、対になっているものや、よくいっしょに使われている仲間を、あててくださいね。
④要領がのみこめたら、保育者は「おふろ」と言って、思いついた答えをみんなに言わせます。
　＊仲よしのものは一つに限りません。
　＊前に出た答えはくり返さないようにします

遊び3　いい名前（ネーミング）をつけよう！

ねらい　物の正式な名前とその特徴をとらえ、それにピッタリした名前を、いろいろと考える創造力や表現力（や愛着心）を育てます。

〈用意するもの〉

身近にあるに日用品、用具など。

①子どもがよく知っている身近な日用品、雑貨、用具などをいくつか用意します。

②たとえば、ほうき取り出して見せ、子どもたちに、まずその名前をあてさせます。

③つぎに、ほうきのほかに、もっともいい名前、やさしい名前、おもしろい名前をみんなで考えて、思いついた名前を口々に言います。

④みんなで相談して、いちばん傑作な名前を決め、それをカードに書いて、その品物にはっていきましょう。

〈発展〉

実物をそろえるかわりに、それぞれの品物を描いた絵を示してもよいでしょう。

ふれ合い1　「セブン・イレブン！いい気分！！」じゃんけん

ねらい　緊張を和らげ、チームで力を合わせ、いい雰囲気づくりや達成感を味わいます。

〈進め方〉

①3人1組（4人組があっても可）をつくります。

②普通のじゃんけんではなく、今日やるじゃんけんは、グー（0本指）、チョキ（2本指）、パー（5本指）に加えて、1本指、3本指、4本指も使っていいじゃんけんです。誰かが勝って、誰かが負けるのではなく、出た指の合計本数を数えるじゃんけんです。

③はじめは指の合計が7本になるようにやってみてください。7本にならなかったら、あいこです。「あいこでしょ！」っと言って、もう一度チャレンジしてみてください。7本になったら、3人（もしくは4人）で喜んでハイタッチをしてください。

④ちょっと難しくなります。近くの3人組（もしくは4人組）と合流して、6人1組（もしくは7人1組）をつくってください。それでは指の合計が11本になるように、やってみましょう。

最後のグループができるまで待ちましょう。

⑤これは「セブン・イレブンじゃんけん」と言います。力を合わせ、息を合わせれば、たいていのことはやれるものです。みんなで協力していきましょう。

ふれ合い2　好物をあてよう！？

ねらい　イメージ、ゼスチャーを通して、お互いを理解（名前を覚える）し、和気あいあいの雰囲気を楽しみます。
〈進め方〉
①5～6人1組でグループに分かれて座ります。
②「みなさんの好物（食べ物、飲み物）は何ですか。食べ物でも飲み物でもかまいません。イメージしてください。その好物が食べられたり飲めたりするすてきなお店に入って、今、目の前にそれが運ばれてきた」と前ふりをします。
③今から、一人ずつ、その好物を食べるしぐさ・ゼスチャーをしてもらいます。自分が何を食べているかは言わないでください。周りの人はそのしぐさをよーく見て、なんとなくわかったら、うなずきあって、答えを言ってみてください。
④練習：進行役が例を見せ、答えを確認するとともに、好物の理由（なぜ好きか、食レポをつけ加えてもいい）を述べます（好物・食名だけではわからないようなら、素材や調理工程等もゼスチャーしてみる必要もあります）。
⑤グループごとに、まずは名前を告げてから順番にしぐさ・ゼスチャーを出し合うようにします。
⑥一人2分程度を割り当て、おおよその終了時間を告げておき、早く終わったグループは、食べ物談義や演技評論などをして待つように伝えます。

ふれ合い3　「漢字を感じ、発見しよう！」ゲーム

ねらい　漢字発見ゲームを通して、協力することや、人との違いから学ぶ姿勢の大切さを感じます。
〈進め方〉
①右の模様を、全員に見えるように黒板や模造紙などに掲示し、同じ模様のワークシートを一人一枚配ります。
②「この模様の中には、漢字がいくつ隠れていますか」と問いかけます。
③漢字を発見したら、模様と異なる色のチョークやマーカーで重ね書きをして示します。発見しても指示が出るまではヒミツにしておくようにしておきます。
④この模様の中に隠れている漢字をできるだけたくさん発見しよういう遊びです。

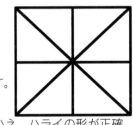

まず、自分ひとりの力で発見してみましょう。多少、長さが違っていたり、トメやハネ、ハライの形が正確でなくても大丈夫です。
⑤発見した漢字の合計数を発表します（数名）。
⑥近くの3～4人でグループをつくり、そのグループで協力して、どんな漢字を発見したかを出し合い、他にも漢字がないか話し合って、漢字の数を増やしましょう。
⑦最後に全員で漢字を出し合います。一人で考えたとき、グループで考えたとき、そして全員が協力して出し合うと、どれぐらい漢字が増えるのかを見ます。
　「自分一人でできること、仲間と協力したり、ここにいる全員が力を合わせれば、大きなことができそうですね」

講演会

1　目的

　社会で活躍されている講師や卒業生に講演をしていただき、学生生活の過ごし方、将来設計の考え方など、貴重な体験を伺い、みなさんのこれからの目標・方向を考えるきっかけづくりにしましょう。

　講演を聞き、自分が社会に出てどんな分野で活躍したいかというイメージをもちましょう。目標設定が早い時期にできれば、何を学修すべきなのか、何を経験すべきなのか、その意義もより明確になります。そのことはより充実した学生生活にもきっとつながっていくことでしょう。講師の貴重な話を伺い、これからの学生生活にしっかりと役立てましょう。

2　講演の感想

　講演を聞きながら、次の点についてメモを作成しましょう。そのメモを参考にして、講演の感想を原稿用紙に400字程度で書いてみましょう。

講演メモ	
日　　付	年　　月　　日　　時間　　：　　～
場所（教室）	
講　師　名	
お仕事など現在のご活動	
講演題名・内容	
●講演の要点をメモしましょう。	
◎講演でとくに印象に残った点（2点）をあげましょう。なぜ印象に残ったのですか。その理由も書いてみましょう。	

学籍番号	氏　名	日　付	評　価
		年　　月　　日	

監修者紹介

谷田貝 公昭（やたがい・まさあき）　　　　目白大学　名誉教授
主な著書　『保育士を育てる［全9巻］』（監修、2020年）、『新・子どもと生活』（共編著、2020年）、『基本的生活習慣の発達基準に関する研究―子育ての目安―』（共著、2021年）『インターネットではわからない子育ての正解（幼児編)』（監修・共著、2021年）以上一藝社、『絵でわかるこどものせいかつずかん［全4巻］』（監修、合同出版、2012年）ほか

大沢　　裕（おおさわ・ひろし）　　　　松蔭大学　コミュニケーション文化学部教授
　　　　　　　　　　　　　　　　　　　　　博士（教育学）
主な著書『教育の知恵60』（単編著、一藝社、2018年）『保育者養成シリーズ・教育原理』（単編・共著、一藝社、2012年）、『新版幼児理解』（単編・共著、一藝社、2018年）、『保育内容総論』（共編・共著、一藝社、2017年）、『幼稚園と小学校の教育－初等教育の原理』（共著、東信堂、2011年）ほか

編著者紹介

大沢　裕（おおさわ・ひろし）　　　　　　前掲

越智　幸一（おち・こういち）　　　　　埼玉県立大学　保健医療福祉学部教授
主な著書　『発達心理学』（単編・共著、大学図書出版、2016年）、『新しい保育原理』（共著、大学図書出版、2016年）、『障害児臨床と発達研究』（共著、コレール社、1995年）ほか

中島　朋紀（なかしま・とものり）　　　　鎌倉女子大学短期大学部　初等教育学科准教授
主な著書　『ともに考え深めよう！新たな道徳教育の創造』（共編著、一藝社、2019年）、『幼稚園と小学校の教育―初等教育の原理―』（共著、東信堂、2011年）、『モラルの心理学―理論・研究・道徳教育の実践―』（共著、北大路書房 2015年）『コンパクト版保育者養成シリーズ・教育原理』（共著、一藝社、2015年）ほか

執筆者紹介 (五十音順)

大﨑　利紀子（おおさき・りきこ）目白大学（非常勤）

大沢　裕（おおさわ・ひろし）　　前掲

越智　幸一（おち・こういち）　　前掲

杉山　勇人（すぎやま・はやと）　鎌倉女子大学短期大学部

関川　満美（せきかわ・まみ）　　鎌倉女子大学短期大学部

千葉　弘明（ちば・ひろあき）　　東京家政大学

中島　朋紀（なかしま・とものり）前掲

野川　智子（のがわ・ともこ）　　松蔭大学

野末　晃秀（のずえ・あきひで）　松蔭大学

長谷川　直子（はせがわ・なおこ）横浜創英大学

廣川　加代子（ひろかわ・かよこ）新渡戸文化短期大学

福田　篤子（ふくだ・あつこ）　　東京立正短期大学

藤田　久美（ふじた・くみ）　　　山口県立大学

古金　悦子（ふるかね・えつこ）　松蔭大学

八木　浩雄（やぎ・ひろお）　　　武蔵野短期大学

保育者養成のための
初年次教育ワークブック

2018年2月20日　初版第1刷発行
2022年2月28日　初版第2刷発行

監修者　｜　谷田貝公昭・大沢 裕
編著者　｜　大沢 裕・越智幸一・中島朋紀
発行者　｜　菊池公男

発行所　｜　一藝社
〒160-0014　東京都新宿区内藤町1-6
Tel. 03-5312-8890　Fax. 03-5312-8895
E-mail : info@ichigeisha.co.jp
HP : http//www.ichigeisha.co.jp
振替　東京 00180-5-350802

印刷・製本　｜　シナノ書籍印刷
©Masaaki Yatagai, Hiroshi Oosawa
　2018　Printed in Japan
ISBN 978-4-86359-170-7 C3037
乱丁・落丁本はお取り替えいたします